华为前高管复盘精要

华为变革法

打造可持续进步的组织

毛万金 著

华为公司变革项目管理办公室前主任

中信出版集团 | 北京

图书在版编目（CIP）数据

华为变革法：打造可持续进步的组织 / 毛万金著. -- 北京：中信出版社，2022.8（2025.9重印）
ISBN 978-7-5217-4489-7

Ⅰ.①华… Ⅱ.①毛… Ⅲ.①通信企业－企业管理－经验－深圳 Ⅳ.① F632.765.3

中国版本图书馆 CIP 数据核字 (2022) 第 103142 号

华为变革法——打造可持续进步的组织
著者： 毛万金
出版发行：中信出版集团股份有限公司
（北京市朝阳区东三环北路 27 号嘉铭中心 邮编 100020）
承印者： 三河市中晟雅豪印务有限公司

开本：787mm×1092mm 1/16　印张：16.75　字数：190 千字
版次：2022 年 8 月第 1 版　印次：2025 年 9 月第 4 次印刷
书号：ISBN 978-7-5217-4489-7
定价：69.00 元

版权所有·侵权必究
如有印刷、装订问题，本公司负责调换。
服务热线：400-600-8099
投稿邮箱：author@citicpub.com

目 录

推荐序一　变革是企业活下去的基础　胡彦平　/ V
推荐序二　变革需要科学的方法　邢宪杰　/ IX
前　　言　变革是组织持续进步的核心武器　/ XIII

第一章　变革是为了什么　/ 001

企业存在的唯一理由　/ 005
管理创新与技术创新　/ 009
管理第一，技术第二　/ 012
文化与管理相互促进　/ 015
企业竞争的本质是管理的竞争　/ 019
管理进步依赖于持续有效的变革　/ 026
案例（华为）：对管理进步的永恒追求　/ 030
案例（万科）：企业扩张必须踩在坚实的基础上　/ 035

第二章　变革领导力　/ 039

什么是变革　/ 041
变革的常见误区　/ 044

变革的成功要素　/047

什么是变革领导力　/049

缺乏变革领导力的表现　/052

"你是火炬手"领导变革成功　/054

案例（华为）：持续有效的变革帮助公司实现商业成功　/061

第三章　增强变革紧迫感　/065

发现业绩差距　/071

发现风险　/079

发现机会　/086

触动灵魂　/090

案例（华为）：现场现物与仪式感相结合增强变革紧迫感　/096

案例（D公司）：紧迫感不足是衰败的开始　/098

第四章　发展变革同路人　/101

构建领导团队　/105

组建执行团队　/111

发展同盟军　/119

选好顾问　/123

案例（华为）：高层推进变革也需要同路人　/126

案例（L公司）：同路人缺乏导致变革失败　/128

第五章　共启变革愿景与目标　/131

建立变革愿景　/135

明确变革目标　/137

把握好变革节奏　/ 140

五分钟说明白　/ 142

共启愿景与目标　/ 145

罗马不是一天建成的　/ 147

案例（华为）：建立清晰愿景，把握好变革节奏　/ 151

案例（F公司）：愿景&目标不清晰导致变革受阻　/ 154

第六章　消除变革阻力　/ 157

理解人的心路历程　/ 161

因关心公司而产生的变革阻力　/ 162

因关心团队而产生的变革阻力　/ 166

因关心个人而产生的变革阻力　/ 170

干部不换思想就换人或岗位　/ 173

案例（华为）：策略性消除变革阻力　/ 175

案例（X公司）：阻力消除不当导致变革终止　/ 176

第七章　赢得变革信心　/ 179

实施QuickWin措施　/ 183

打造样板点　/ 185

鼓舞先锋队　/ 187

以身作则　/ 189

阶段性宣传与庆祝　/ 192

案例（华为）：全力以赴，打造样板点　/ 194

案例（B公司）：样板点选择不当导致变革受挫　/ 196

第八章　固化变革成果，防止"回潮" / 199

　　方法流程化　/ 203

　　角色组织化　/ 206

　　流程 IT 化　/ 208

　　能力平台化　/ 211

　　改进持续化　/ 214

　　案例（华为）：有效落地"五化"，固化 IPD 变革成果　/ 218

　　案例（Z 公司）：失败的组织变革　/ 220

结语　给读者朋友们的建议　/ 223

　　关于"你是火炬手·变革领导力"模型的常见问题　/ 225

　　给企业家的建议　/ 229

　　给高管的建议　/ 233

　　给所有职场人的建议　/ 236

　　给政府与事业单位从业人员的建议　/ 238

后记 1　企业变革管理水平的三个层级　/ 241

后记 2　企业要避免"为变革而变革"　/ 247

推荐序一

变革是企业活下去的基础

胡彦平　华为公司前高级副总裁
　　　　华为公司变革指导委员会成员兼秘书长

任何社会组织，特别是企业组织，不论其成立之初的目标是十分宏大的还是十分具体的，总有一个目标存在。因此，具有目的性是组织的重要特征之一。同时，组织还具有另一个重要特征，即它是一个开放复杂的系统，尽管任何组织都有边界，但组织的生存和发展是建立在与其边界之外的其他系统交换资源和能量的基础之上的。由于外部环境变化具有不确定性且大多不受企业组织的控制，所以企业具备适应外部环境变化的能力以应对那些具有系统性和复杂性的挑战，将成为企业组织生存的关键。换言之，追求生存实际上已成为企业组织的目的。

为了让大家从思想上真正接受这一点，著名学者和咨询机构做了大量调查研究工作，这些研究工作的周期有的持续了20~30年，研究的样本量多达2000~3000家企业，最后得出的一致结论是：只有大约10%的企业能够做到在10年左右的时间里保持增长，其余年份均表现平平，而大部分企业则在激烈的竞争环境中以不同的方式走向死亡，能够存活30年以上的企业少之又少。于是，存活30年以上就被一些学者认为是跨入成功企业的一个门槛。这种现象即使对那些已经跻身于《财富》世界500强的企业也是一样，如果以10年为一个周期来看其名单变化，一样让人眼花缭乱，常有斗转星移、恍如隔世之感。而为所有企业家所向往和景仰的具有百年历史的常青树企业更是凤毛麟角。

中国民营企业的大量出现始于40多年前的改革开放。伴随着以经济建设为中心的浪潮，在短短几十年的时间里，中国这片创业热土上涌现出一批扩张速度惊人的企业，一时风光无限。但随着环境的变化，其中相当一些企业早已走向衰落，有的已经灰飞烟灭。屈指数来，能够活过30年的企业大概也为数不多。

华为成立于1987年，时至今日已经存活了35年。35年来，华为不仅与中国其他民营企业一样，成长之路历经无数艰辛与坎坷，还面临绝大多数企业都不曾经历的极其险恶的外部环境和极度困难的生存局面。但这一切不仅未能将华为压垮，反而进一步锻造了其愈挫愈勇、永不言败的组织性格。在可预见的未来，华为还将以其强大的生命力继续发展。

这一切，首先来自华为创始人任正非对企业组织本质的深刻认知。他在几十年前就明确地将"活下去"作为华为公司的最低纲领和最高纲领。毫无疑问，他是中国最早将"生存"作为企业目的的企业家。他曾在多篇文章和多次讲话中说："什么叫成功？……经九死一生还能好好地活着，这才是真正的成功。华为没有成功，只是在成长。""对华为公司来讲，长期要研究的问题是活下去，积极寻找活下去的理由和活下去的价值。"

其次，它来自任正非以极具前瞻性的洞察力和管理智慧亲自领导和推动的一系列组织变革。早在几十年前，任正非就清醒地认识到"成功不是走向未来的可靠向导"。任正非说这句话的时候，正值华为事业一路高歌、蒸蒸日上，几乎所有人都沉浸在成功的喜悦之中。但在头脑清醒的任正非看来，这恰恰是华为最为危险的时刻。由于环境在持续发生变化，那些曾经使华为成功的模式不仅不再有效，甚至可能成为组织发展的障碍。因此，企业的生存依赖于其适应环境变化的能力，而这一能力只能通过持续变革的过程来实现。基于这一指导思想，华为公司在过去20多年的时间里，坚定不移地投入大量资源，在外部顾问的协助下，建立了一个以制度为基础的、理性的，同时又能灵活、有效地应对外部环境不确定性的运营管理体系，实现了"以规则的确定性应对结果的不确定性"。

任正非的变革领导力是华为一系列变革行动成功的另一个重要因素。这种领导力既体现了对变革节奏和时机的准确把握，又体现了对一些重大信念和原则的坚定不移，如"七个反对""僵化、优化、固化"等，既体现了建立在整体视角和系统思考基础之上的大格局、大手笔，又体现了实事求是、脚踏实地、务求实效的精神。"改善管理是一个持久持续的过程，不要太激进。如果每年进步0.1%，100年就能进步10%，持续长久改进下去是非常了不起的。"任正非的这句话，正是他身体力行和一贯倡导的"做实"文化的最好阐释。特别需要指出的是，企业变革的实质是利益格局的重新调整，过程中必然伴随着利益相关方之间各种显性和隐性的博弈。在任正非的领导下，华为通过一系列精心设计的参与、沟通、教育、合作、激励、授权与赎买等组织过程来逐渐改变干部和员工的认知和行为模式，从而保证了整个变革过程的平稳有序进行。

在过去20余年的时间里，华为通过组织变革成功地构建起全面覆盖研发、供应链、采购、销售与服务、财经、人力等领域的管理体系，这无疑是一个复杂的系统工程。这个系统之所以能有效地支撑华为业务的高速成长，在于它始终以创造客户价值和实现客户价值为核心，通过市场驱动机制来保证对客户需求的充分理解和快速响应，通过端到端全流程体系来保证客户价值创造过程的高效和畅通，通过运作有序的跨部门团队和清晰的分层决策模式来落实责任主体，通过整体信息技术架构（IT）来保证需求信息和业务过程数据的集成统一，通过建立规范化的变革体系和职业化的变革队伍保证管理改进的持续有效。

读者可以通过阅读本书了解华为组织变革的这段历史，并受益于本书提供的理念、方法、工具和案例。今天，企业试图通过组织变革来提升组织竞争力已经成为一个普遍现象，但令人遗憾的是，这样的努力并不总是能成功。从这一事实出发，作者以他丰富的实践经验和独特的视角对华为的组织变革经验进行了回顾和提炼，为那些正在或计划推行组织变革的企业提供了十分有益的参考和借鉴。

是为序。

推荐序二

变革需要科学的方法

邢宪杰　华为公司前副总裁
　　　　变革项目管理办公室主任

过去30多年,华为通过持续有效的管理变革,实现了管理体系的逐步完善,有力地支撑了公司的快速发展壮大。华为的发展史也是一部波澜壮阔的变革史,当然,这与任正非对管理及变革的高度重视有非常大的关系,我很荣幸见证了其中的大部分历程。

在"以客户为中心,以奋斗者为本,长期艰苦奋斗,持续自我批判"的企业文化熏陶下,拒绝机会主义,始终力出一孔,是华为给我们的重要启示。机会主义不是创新,相反,机会主义是创新的天敌。要想成就一个伟大的企业,就要保持专注的精神、务实的态度,一步一个脚印,稳健地发展,因为扩张是要建立在坚实的基础上的。

作为商业企业,要想在市场上持续获胜,最核心的策略就是要用最低的成本、最高的效率实现长期的客户满意，为客户创造价值应成为企业家的信仰，而这些都是通过以有效的管理整合企业的人才、技术、资金等生产要素来实现的。不管我们处在什么样的行业、面对什么样的客户，也不管产品和市场随着技术进步如何变化，企业间竞争的本质都是管理的竞争。

具备一定规模的商业企业，为了获得长期的生存与发展，迟早都会走上管理变革之路，只是其快慢因企业创始人或高管团队管理意识启蒙早晚的不同而有所不同。企业应该经常思考的已经不是变革要不要做的问题，而是变革何时做和如何做好的问题。实际上从比例来看，新生代的中国企业家对管理和变革重要性的认识已经越来越超前了。

变革并不是一件容易的事情。数据显示超过70%的企业变革都是以失败告终的，这里面有很多原因，有领导力的原因，也有其他的原因。一个企业在变革的同时，业务还要继续开展，因此，变革就如同在高速公路上为行驶的汽车换轮胎，这个特征决定了它不是一件容易的事情，领导变革更不是一件容易的事情。

但变革也是有方法可循的。华为在深入开展变革的20多年历程中，既从IBM等"老师"身上学习到一些方法，也在公司变革项目管理办公室的推动下对一些方法进行了改良，由此形成的日趋完善的企业变革理论和变革方法让华为的变革少走了很多弯路，支撑了华为大多数重大变革的成功，当然也有一些因方法使用不当而变革失败的案例。

在我负责华为公司业务流程与IT管理部、供应链管理部、华为ISC变革等业务期间，深知一个有效的变革方法对变革成功的重要意义，但当时我们依然面临着一些理论上的欠缺，那就是虽然已经有了变革流程、模板等具体的变革实施工具，但是对于管理层来讲，对于变革的主导者来讲，如何才能帮助他们提升变革领导力，尚未形成完整的理论体系。

我很欣慰《华为变革法》这本书即将付梓，欣慰的是它和我印象中的大多数华为变革成功的关键要素非常契合。作者结合其在华为长时间的变革领导经验为我们描绘了一个科学变革的全景，并对变革的六项领导力进行了解剖，形成了看得见、摸得着、可修炼的一个个模块，具有很强的实践基础，可以很好地帮助当前很多企业提升变革领导力。

希望大家和我一样，在看完本书后能有所收获。

前言

变革是组织持续进步的核心武器

华为公司创立于1987年,在30多年的时间里,从投资2万元发展到年销售收入近9000亿元,从一个居民楼里的小公司逐步发展成了世界级领先企业。

很多人都很好奇华为公司成长的秘诀是什么。是战略的把握能力,行业的幸运选择,文化的有效驱动,曾经相比于西方成本更低的人才,打造有竞争力的产品,还是分钱分得好?其实这些更多的是结果,例如,2000年前后华为也曾有过几次大的战略失误,员工的综合收入也在多年前就已经超过西方友商了。

管理大师德鲁克说,"企业家的高度决定企业的高度"。我们来看看任正非在经营华为时最关心的是什么。短期的分析可能缺乏代表性,因此我们来分析一下可以获取的任正非从1994年到2018年间的近400篇讲话,看看其中最常出现的关键词是什么。

排在前三位的是:"管理"(2149次),"客户"(1084次),"服务"(687次)。其后是"奋斗""研发&开发""战略""流程""变革&改进""文化""成本"等,都在500次左右。大多数人可能会关心的"利润"和"赚钱"一共却只有 217 次。

看到这里相信大多数人已经有了答案，其实只要认真学习过几篇任正非文章的人都会注意到，他最重视的一直是企业管理的进步，而且在不同的场合不同的讲话中不停地重复宣贯。

实际上，"管理""流程""变革""改进"这几个词在任正非的语言里基本上指的是一件事情，这几个关键词合起来表述基本上就是华为对变革概念的定义，而它们在任正非 400 篇讲话中出现的次数合计达到了 3098 次。

了解了这些，如果要进一步探寻华为成功的秘诀是什么，我会告诉你华为成功的秘诀在于"在一个伟大的企业家领导下，通过持续有效的变革构建起了有竞争力的企业管理体系"，而更为重要的是，这是每个企业都可以学习的。

本人有幸于 1997 年加入华为公司，先后在华为的集成产品开发（Integrated Product Development，以下简称 IPD）、客户关系管理（Customer Relationship Management，以下简称 CRM）、从线索到回款（Lead to Cash，以下简称 LTC）、人力资源、大质量等战略/公司级变革中担任主要负责人，直至后来负责公司变革项目管理办公室，基本上经历了华为的主要变革过程，因而对此愈发感受深刻。

实际上，对于一个规模以上的企业，要么从内部变革构建竞争力，要么最终被别人的变革抛弃，我们亲眼见证的通信行业的兴衰就证明了这一点，其他行业如果认真观察亦如此。在这样一个时代，成功领导变革的能力对企业的长期健康发展至关重要，可惜的是很难找到系统而又可以落地的变革领导力知识。

为了帮助有追求的企业成长，也为了让个人在总结中进步，特写作和出版了本书，书中主要阐述的是在华为多年的变革过程中，企业的高管或变革负责人是如何有效地领导变革成功的。书中所讲述的变革领导力模型与方法，既包括理论，也包括实践，适用于各类企业改进管理方式，同时也适用于个人推进所负责的任务。

本书得以出版要特别感谢华为公司，作者在华为公司工作20多年，有幸见证了一个标杆公司的成长过程，个人的管理思想也绝大部分来自长期在华为的变革管理与人力资源管理实践，可以说，没有华为就没有本书。

希望本书能够帮助有潜力、有远大理想的众多中国企业构建竞争力、推动管理进步和变革转型，也热忱欢迎大家的指导、交流。

1

HUAWEI

第一章
变革是为了什么

在互联网时代，技术进步比较容易，而管理进步比较难，难就难在管理的变革触及的都是人的利益。因此企业间的竞争，说穿了是管理的竞争。如果对方持续改进管理，而我们不改进的话，就必定会衰亡。我们要想在竞争中保持活力，就要在管理上改进。

（来源：《逐步加深理解"以客户为中心，以奋斗者为本"的企业文化》，华为公司，2008年）

要想更好地理解变革的重要性，进而理解变革领导力的重要性，我们需要先理解一些深层次的话题，那就是企业为了什么而存在？企业竞争的本质是什么？对有远大理想的企业来说，到底什么是最重要的？它们和变革及变革领导力之间又有什么关联？

在众多的企业管理理论中，我们会看到各种各样的说法，例如企业间的竞争是人才的竞争、战略决定企业成败、创新是企业胜利的密码、文化是企业进步的发动机等，从某种意义上讲，这些理论都有其合理性。毕竟没有人才企业很难成功，如果战略与企业发展南辕北辙，企业也只会失败……

可是，如果我们辩证思考呢？且不说单一理论的片面性，既然这些理论都有其合理性，但是相互之间却并没有绝对的依赖关系，例如人才决定不了战略的正确性、战略决定不了文化的正确性等，那就说明这些理论都不是企业成功最根本的原因，因为它们都同等重要。

要找出最根本的原因，就必须从最底层的问题开始思考，例如企业为什么能够存在?其生存的能力又如何才能得以提升?基于这样的哲学性思考才能建立正确的认知,也才会对"变革是为了什么"有更加深刻的理解。

企业存在的唯一理由

一个企业之所以存在，是因为有客户愿意购买它的产品或服务。只有当客户愿意付钱购买时，产品或服务才能转变为商品，不然就是废品。

一个企业要长期存在，就必须持续地有客户为其产品和服务付费，这样企业才有可能获得利润，也才有继续经营的资本。

企业或许短期内可以借助投资人的资金支持经营，但是投资人之所以投资，也是因为相信未来会有客户和利润，只靠相信能生存的周期不会太长。

企业应时刻牢记，最终给企业钱的只有客户，客户才是企业的衣食父母。企业应坚持把客户满意作为各项工作的关键衡量标准，从客户中来、到客户中去，持续为客户提供及时、准确、优质、低成本的服务。

如果注意观察，大家就会发现，成功的企业都是把"以客户为中心"作为企业核心价值观的，只是不同的企业在表述方式上稍微有些差异而已。华为是"以客户为中心"，京东是"客户为先"，阿里是"客户第一"。

可能很多企业都会标榜自己的核心价值观是"以客户为中心"，但其实只是停留在口号上而已，要真正做到其实是非常难的。最简单的例子是，当客户的要求不符合公司制度时，公司是否应该满足客户的要求？这需要考虑很多方面。

"以客户为中心"不是低质低价，也不是无条件地满足客户不合理的要求，而是要站在客户的"商业"视角思考（客户是消费者时也一样），想客户之所想、急客户之所急，提供满足客户需求甚至超越客户期望的产品或服务。

实际上，一个没有底线无条件满足客户要求的企业是不可能走得长远的，因为这违背了基本的商业逻辑。当我们自己都不尊重自己的时候，客户更不会尊重我们，一旦有其他更没有底线的伙伴出现，客户就会随时抛弃我们，因此这样的"合作"只会是短期的"合作"。

"以客户为中心"主要包括以下三个方面。

首先在态度上，客户是我们的衣食父母，要始终尊重客户、敬畏客户，无论企业发展到多大规模，在客户面前都应始终保持谦卑的心态。一个在客户面前表现傲慢而不自省的企业终将走向衰落。

其次在行动上，站在客户的"商业"视角思考，及时响应客户的合理需求，甚至想在客户的前面，为客户提供（最好主动提供）能解决客户问题的方案，可能是产品，也可能是服务。

最后在结果上，提供的产品或服务要能为客户创造价值，实现客户满意，进而实现企业自身的价值增值，取得双赢的结果。这里讲的价值可能是有形的，也可能是无形的。如果短期达成有困难，就要尽力获得客户的理解。

只有当客户感知高于客户期望时，客户才会满意，持续满意的基石应是为客户创造价值。实际上，管理客户满意度的过程主要就是"管理客户感知"和"管理客户期望"的过程,因为客户满意度是不能直接被管理的。

只有华为这样有追求的中国企业坚持以客户为中心吗?不是这样的,实际上,优秀的企业都会强调以客户为中心,不管是中国企业,还是外国企业。华为如此,京东如此,亚马逊亦如此。

亚马逊的故事

多年前亚马逊还只有125名员工,当时美国最大的书店(巴诺书店,拥有3万名员工,年销售额超过30亿美元)开始进军在线图书零售,和亚马逊展开全面竞争,那段时间美国各大媒体头条的新闻或者评论都是亚马逊将如何被这个超大公司摧毁。

亚马逊创始人贝佐斯在随后召开的公司全员会议上和大家说:"大家觉得害怕是正常的,但不要关注我们的竞争对手,因为他们不会给我们寄钱来,我们要关注的是我们的顾客。如果我们把注意力集中在客户身上,而且加倍关注客户,让他们满意,那一切就会变得越来越好。"

亚马逊确实做到了这一点,目前已经成长为市值超1.5万亿美元、员工数超过100万人的互联网巨头,但是聚焦客户依然是企业的发展宗旨。自2001年开始,除了宣传自己是最大的网络零售商外,亚马逊同时把"最以客户为中心的公司"(the world's most customer-centric company)确立为努力的目标。此后,打造以客户为中心的服务型企业成为亚马逊的发展方向。

我们身边的很多企业，可能在规模还小的时候能做到以客户为中心，但当发展到稍具规模后，就逐渐变得骄傲自大，进而在外部服务客户时表现得傲慢，内部工作开展时以自我为中心。如果不能及时反思、调整，一定会葬送公司的未来。如果没有了客户，一切都将不存在，包括股东回报、员工满意、企业生存等。

无论当前处在什么阶段，"以客户为中心，为客户创造价值，持续实现客户满意"是任何一家企业持续有效发展的必由之路。如果我们秉持了这种精神，即使短期可能因为综合竞争力等原因某些客户不支持我们，长期也终将会打动他们中的大多数。从企业的角度看，企业存在的唯一理由是为客户创造价值。主观上是为客户，客观上成就了自己。

管理创新与技术创新

每个有追求的企业都会为公司设定独特的愿景和使命，愿景描述的是我们要成为什么，使命描述的是我们要做什么，也有的企业会把愿景和使命合并描述。

以华为为例，2006年设定的愿景是"丰富人们的沟通和生活"，使命是"聚焦客户关注的挑战和压力，提供有竞争力的通信解决方案和服务，持续为客户创造最大价值"，最近两年把愿景与使命合并了。

不同的企业因其所处的行业不同、所提供的产品与服务不同，所以使命也各有不同，但是如果剥离其行业特征和产品与服务特征，企业本质上就是在做三件事情：价值创造、价值评价、价值分配。

价值创造、价值评价与价值分配之间有紧密的联系，例如，价值创造是价值评价的基础，价值评价又牵引价值创造。价值分配要依据正确的价值评价，同时价值分配又是价值创造的动能。

价值创造努力实现客户满意，客户因为满意所以会持续留存并支付相应的对价，进而使企业价值增值实现股东满意。有了正确的价值评价和合理的价值分配，劳动者们会获得合理的回报，进而实现员工满意。

如果把企业的价值创造也看作一个过程，它的输入是五个生产要素，包括企业家、劳动、知识、资本、土地（也代表资源），它的输出是"主观上实现了客户价值，客观上也提升了公司价值"。但是如何达成呢？

作为企业或任何其他组织，我们最终交付给客户的是产品和服务，但是如果它价格普通、服务普通、价值普通……，客户为什么一定要买我们的产品和服务而不是别的公司的？一个什么都普通的企业是没有独特竞争力的，也是不可能获得持续有效发展的，最好的结果不过是一辈子辛苦经营着的一家小店。

京东自建物流的故事

从2009年开始，京东就斥巨资成立了自己的物流公司，在北京、上海、广州、成都、武汉设立了自己的一级物流中心，随后又在沈阳、南京、深圳等8个城市建立了二级物流中心，与其他电商相比有了显著的物流服务的创新。

正是因为有了如此大规模的自营物流体系的支持，京东商城才敢在2010年4月正式推出"211限时达"服务，即每天上午11点前下单，当日送达，每天晚上11点前下单，次日送达，实现了客户满意度的显著提升。

京东商城为什么要自建物流？根据我的观察，这就是京东和其他电商企业的差别，京东是"用企业家的思维经营企业"，真正把为客户创造价值作为企业的信仰，追求的是以客户为中心，而其他的一些电商是"用商业的思维经营企业"，由此，我认为京东会走得更加长远。

我们要实现客户价值，必须要有比别人更好的地方，可以是独特的或比别人更好的产品和服务，也可以是快速、高效、低成本的交付等。从本质上来讲，要为客户创造更大的价值，企业只有管理创新和技术创新两条路，注意创新不一定是革命，也可以是改良式的微创新。

管理创新实现的是"客户获取的综合成本最优"，技术创新实现的是"客户获取的产品或服务的价值最大"。因为综合成本最优，我们就有能力在产品或服务相同时提供给客户更好的价格；因为产品或服务价值最大，我们就有能力提供给客户优质优价的交付物；如果两者都没有，那我们的企业就只会从"普通"逐步变得"更普通"。

大多数企业尤其是产品制造型企业对技术创新的重视程度会更高一些，原因在于很多企业的起家都是依赖于相对个性化的或差异化的产品，这种既有的成功经验就会在某种程度上成为企业家的思维定式，要转变这种思想需要一些"导火索"或外脑牵引。在华为，对管理创新的重视程度是不亚于技术创新的，任正非说过："没有管理改进的愿望，企业实际已经死亡。"

如果让我尝试给"企业的价值创造"下一个定义，那就是"企业家组织劳动和资本等生产要素，通过管理创新和技术创新实现客户价值的过程"。管理创新与技术创新是企业价值创造的两个轮子，如图1-1。

图 1-1 企业价值创造示意图

第一章 变革是为了什么

管理第一，技术第二

管理创新和技术创新都很重要，那这两者间是否有优先次序？答案是肯定的。对所有公司来说，都应该是管理第一、技术第二。管理必须一流，技术可以"二流"。

可能有人认为，人才才是企业的核心竞争力，尤其是在当下信息技术和人工智能等发挥越来越重要的作用的时代，但是严格来讲，管理有效的人才才是核心竞争力。法国兴业银行的天才交易员差一点点就让公司彻底倒闭等案例充分证明了这一点。如果意识不到，说不定哪天某位"人才"设计一个"巧妙"的合同把公司卖了我们都不知道。

人才、技术、资金、土地等，都是企业发展中不可或缺的重要资源（或者说生产要素），但是资源本身所能达成的效果是有限的，唯有"有效"才能将这些资源转化为更大的成果。

有了好的管理，人才、技术、资金可以形成合力，进而发挥出"1+1＞2"的作用，二流的技术会逐渐发展为一流的技术，二流的人才也可以发挥出一流的作用。

如果没有好的管理机制，人才、技术、资金就会如一盘散沙，甚至人才之间都会内斗，在这种情况下，一流的技术终将会退化为二流，一流的人才也很难在企业中发挥作用，最后或许会离去。

以科技行业为例，诺基亚、北电网络、宏达电子、柯达、索尼等，这些巨头中哪一个的衰落是因为缺乏人才、技术或资金呢？作为曾经的王者，哪个不是拥有充足的人才和技术储备？即使缺乏，它们曾经市值的哪怕1%都足以再造一个中国上市公司，更何况储备一些人才和技术。除了管理，难以找到其他导致它们衰落的理由。

任正非在题为"一个职业管理者的责任和使命"的讲话中说：华为曾经是一个"英雄"创造历史的小公司，正逐渐演变为一个职业化管理的具有一定规模的公司。淡化英雄色彩，特别是淡化领导人、创业者的色彩，是实现职业化的必由之路。只有职业化、流程化才能提高一个大公司的运作效率，降低管理内耗。公司将在两三年后，初步实现IT（信息技术）管理、端对端的流程化管理，每个职业管理者都在一段流程上规范化地运作。这段话非常好地阐释了企业壮大需要经历的转变过程。

在一个小企业中，工作协同的需求相对少些，管理的作用可能没那么明显，但在稍有规模的企业中，任何业务活动可能都会涉及多种生产要素，既包括人才、技术、资本，也包括时间、流程、组织、产品组合等。要提升企业的生产力就需要在多种生产要素之间进行平衡、协调，使企业实现用最少的投入获得最大的产出，要完成这种每时每刻都在发生且具有不确定性的平衡、协调工作，完全依赖人治是不可想象的，最好的办法就是依赖管理。

未来是不确定的，任何一个企业都无法掌控未来，但管理可以帮助我们用规则的确定性来应对结果的不确定性。这句话可能不太好理解，我举个例子：我们去见新的客户，去之前是无法预测客户诉求的，但是我们已经在流程中制定了客户拜访的规则，其中对客户可能的诉求进行了分类，既包括常见的也包括例外的，分别给出了相应的行动指南，那么我们在见到客户时就可以按照规则行事，有效应对。

  理解了以上这些，我们就会明白，管理的重要性要大于人才、技术或资本中任何一项的重要性。有效的管理可以帮助企业用规则的确定性应对结果的不确定性，协同人才、技术、资本等各种企业生产要素，使其形成合力，最终大幅提升公司的综合生产力，形成市场上的竞争优势。要总结的话就是，管理必须一流，技术可以"二流"，并会在好的管理协同下逐渐发展为一流。

文化与管理相互促进

很多企业家无法理解企业内部的一些现象，例如自己觉得再不努力公司可能都难以生存，但为什么公司中的很多个体和群体依旧能安于现状？再如自己觉得本就应该始终以客户为中心，而下属们竟会持有一些在自己看来不可思议的观点甚至做出很多愚蠢的事情。

这些现象产生的原因主要在于企业的管理体系失灵，无法有效驱动或管理好公司员工的行动，但是还有一个可能的重要原因，那就是组织尚未构建起有效的企业文化，因而员工对同一件事情的心理感知、行为方式、思维模式等会各不相同。如果不持续被"踢屁股"，即使企业家再着急员工也不着急。

什么是文化？学术的说法是"文化是一个群体在解决其外部适应性问题以及内部整合问题时，习得的一种共享基本假设"，通俗来说就是"文化是一个群体共同的信念、价值观及其外在表现"，注意，一个群体的文化不一定是正能量的，也有可能是负能量的。

举个例子，在某个群体中一些老员工对待工作或客户很随意，但是新人发现这种方式并不会受到严肃批评或者给个人带来什么影响，在耳濡目染的作用下，他们就会认为这是一种有效的行为方式，因而自己在面对同样的场景时也会将其作为可行的基本假设，这种方式慢慢地就会被默认为此群体的文化。

企业文化对企业发展而言意义重大，1997年任正非在《在春节慰问团及用服中心工作汇报会上的讲话》中就提出："资源是会枯竭的，唯有文化才能生生不息。"2003年任正非进一步强调："以前我们就讲过华为公司什么都不会剩下，就剩下管理。为什么？所有产品都会过时，被淘汰掉；管理者也会更新换代，而企业文化和管理体系则会代代相传。因此我们要重视企业在这个方面的建设，这样我们公司就会在奋斗中越来越强，越来越厉害。"如图1-2。

- 为客户服务是华为存在的唯一理由，客户需求是华为发展的原动力。
- 我们坚持以客户为中心，成就客户就是成就我们自己。

- 我们没有任何稀缺的资源可以依赖，唯有艰苦奋斗才能赢得客户的尊重与信赖。
- 我们坚持以奋斗者为本，使奋斗者得到合理的回报。

- 只有强者才会自我批判，也只有自我批判才会成为强者。
- 不论进步多大，都要自我批判。世界是在永恒的否定之否定中发展的。

- 我们过去从落后到赶上，靠的是奋斗；持续追赶，靠的也是奋斗，超越更要靠奋斗。
- 长期艰苦奋斗是指思想上的，并非物质上的。我们要警惕的是富起来以后的惰怠。

（以客户为中心 / 以奋斗者为本 / 持续自我批判 / 长期艰苦奋斗）

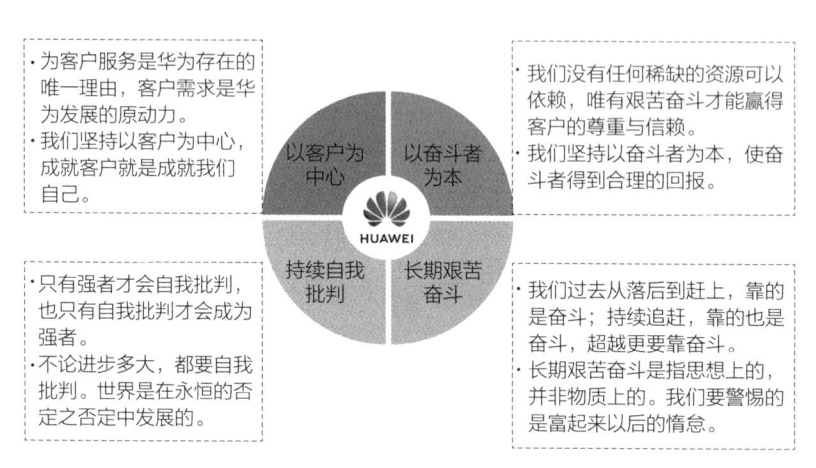

图1-2 华为企业文化的精髓

要在企业中植入正向的能发挥重要作用的企业文化，并不是一件简单的事情，需要让大家走过从"知"到"信"到"行"的过程。如果企业已经定义了自己期望的文化价值观，"知"只需要通过喊口号等就能基本实现，但要实现员工"信"和"行"是要难得多的工作。

有个企业家朋友和我说，他因为工作需要会经常和华为人打交道，真的很佩服华为，他不明白，为什么只要是从华为出来的，不只是做事方式，就连讲话方式甚至生活方式都像从一个模子里刻出来的，还说了个笑话，就是华为人都会赚钱，但是好像都不怎么舍得花钱。华为是怎么做到统一大家的文化思想的呢？这是他兴办企业非常希望能做到的，但是在实际推行时发现太难了。

曾经有一段时间，大家以为华为文化是狼性文化、垫子文化、加班文化等，这些其实都是对华为的误解。华为的企业文化或者说核心价值观从2008年起基本被固化成了四句话——"以客户为中心，以奋斗者为本，长期艰苦奋斗，持续自我批判"，并沿用至今，在此之前是"成就客户、团队合作、开放进取、至诚守信、艰苦奋斗、自我批判"。

文化不是喊出来的。我认为华为除了对文化进行定义，最重要的是为了让文化落地做好了两件事情：一是管理者示范，主要解决文化"信"的问题；二是融入管理体系，主要解决文化"行"的问题。在做好这两项工作的同时，如果再辅以大家可能熟知的文化发酵活动如公告牌宣传、标杆榜样树立、研讨分享、自我批判改进等，那么文化就能有效地植入每个人的心中。

什么叫管理者示范？这是对企业家、高层、中基层所有管理者的要求。首先，管理者要以身作则，管理者怎么对待客户和工作，员工就会怎么对待。关心任正非的人可能都看到过很多任正非自己拎包打车的照片，这样主管们又怎么敢要求下属去接送机？其次，管理者分配资源时（包括生产资源、激励资源等）要体现与文化相符合的导向，因为鼓励什么就会得到什么，例如我们不可能期望一个整天表扬救火的公司能真正做到

"以客户为中心"，我们应鼓励的是救火的同时也要治本式彻底灭火，使其不会复燃，这才是真正为客户创造价值。

什么叫融入管理体系？例如，以客户为中心就要求我们主要的客户价值创造流程如研发、销售等都应站在客户的视角，实现从客户需求到客户满意的端到端，实际上华为在所有内部流程中也会强调以客户为中心。再如，即使是自我批判这种文化都不能只是一句口号，而是需要融入人力资源流程中，每年雷打不动地组织所有管理者逐个开展自我批判并跟踪其改进计划，形成闭环。

一旦文化融入了管理体系，那文化就不再只是口号，而是会被所有员工实实在在地践行，逐渐就会成为大家下意识的行为、信念和价值观了。在这种状态下，让文化体现在外在形式上主要是为了实现进一步强化全员认知、统一组织文化语言等目的，这样在管理体系持续改进时就能得到更好的融入。如果文化不融入流程等管理体系，在落地时就会变形，很难得到彻底贯彻。

理解了这些内容，我们就会知道，企业文化与企业管理是不能分割的，好的企业文化与好的企业管理之间有相互促进的作用。企业文化会帮助构建一个更具正能量的企业管理体系，而企业管理体系又会通过执行推动企业文化的落地与践行。

实际上，在华为公司"管理企业文化"本就是企业管理体系的一部分。因为人力资源管理的三个核心职能就是"管理组织""管理人才""管理氛围与文化"，因而华为的人力资源管理体系对如何定义、传播、落地企业文化有相应的管理规则与机制。

企业竞争的本质是管理的竞争

绝大多数企业都没有任何可以依赖的资源，只能依靠企业家和员工们的集体奋斗，以此构建企业的竞争力获得在市场上的成功。在企业的初创期，竞争力可能还能来自企业家或合伙人的个人能力（例如：一定的技术独特性、一定的客户资源等），而进入成长期后，随着企业规模的扩大，业务也开始复杂起来，在这种状态下，核心竞争力的来源只可能是有效的管理。

一个重视管理又掌握了管理建设方法的企业，就会在企业的发展过程中，在企业家的带领下，通过一代又一代管理者和员工的努力，将企业的管理体系逐步完善使之越来越成熟，进而成为综合生产力最高的企业。对任何一个企业而言，当前的产品和解决方案终将过时，管理者和员工也会更新换代，但是企业的文化和管理体系会代代相传，使企业在竞争中始终具备综合生产力等重要优势，从而得以持续生存。

彼得·德鲁克在《管理的本质》一书中说，在每个企业中，管理者都是赋予企业生命、注入活力的要素。在竞争激烈的经济体系中，企业能否成功，是否长存，完全要依管理者的素质与绩效而定，因为管理者的素质与绩效是企业拥有的唯一有效优势。只有超人一等的管理能力和持续改善的管理绩效，才能促使我们不断进步，防止我们变得贪图安逸，自满而懒散。

1998年，任正非在《刨松二次创业的土壤》的讲话中说：

企业之间的竞争，说穿了是管理的竞争。对于华为这样一个以人力资源为主的公司来说，规模经济性更要靠管理来实现。华为留给公司的财富只有两样：一是管理架构、流程和数字化IT平台支撑的管理体系，二是对人的管理和激励机制。

多年之后的2014年，任正非在公司董事赋能研讨会上与候选专职董事交流讲话时依然说："你们是否听过，2002年华为快崩溃的时候，我们的主题还是抓管理，外界都嘲笑我们。现在社会大辩论，也说华为在这个时代必死无疑，因为华为没有创新了，华为的危险就是抓管理。但我认为，无论经济发展得多么好，不管高铁可以多么快，如果没有管理，豆腐渣是要垮掉的，高铁是会翻到太平洋的。"

德鲁克和任正非的相关言论都指向了同一个方向，那就是"企业竞争的本质是管理的竞争"。

什么是"管理的竞争"？那就是"建立以客户为中心的流程化组织，构建不依赖于个人英雄的研发、销售、人力资源、变革方法等企业各领域的有效管理体系，提升企业核心竞争力"。有了坚实的管理基础，就可以在竞争中"千磨万击还坚劲，任尔东西南北风"。（注意，不依赖并不代表不需要英雄。）

一句话，对规模以上企业（指跨过生存期，具备一定业务规模或人员规模的企业）来说，企业竞争的本质是管理的竞争。只有有效的管理才能整合人才、技术、资本等生产要素，形成比友商更高的综合生产力。无论我们是因何种原因幸运地发展起来的，都必须尽早认识到这一点，认识的快慢决定企业进一步壮大的快慢。企业如果不能认识到这一点，不及时改进，而友商又在管理上不断进步的话，那走向衰亡是必然的事情。

更重要的是,一个企业如果在单产业构建起了成熟的管理体系,且被证明是行之有效的,那么在战略需要或面对一些特殊情况需要开拓新业务时,可能进行一些简单的适配就可以直接复制到新的业务中去应用,这也是华为从运营商到企业再到终端乃至能源等都能快速在新业务中站稳脚跟的原因。与之相反,有些企业在单产业的管理体系都不够成熟的情况下,盲目开展多元化,结果只会消化不良甚至带来严重后果,企业扩张必须有坚实的基础。

华为 VS 苹果

不少人将华为的成功归结于各种各样的原因,还不乏各种各样的文章煽动说:"华为受到举国一致的支持,是因为国人朴素的爱国主义和民族情感。"真的是这样的吗?我们来看下图的 IDC(互联网数据中心)市场统计数据,2020 年上半年华为和苹果(Apple)基本上平分了中国区 600 美元以上价位段智能机的高端市场,华为市场份额是 44.1%,苹果是 44%,如图 1-3。

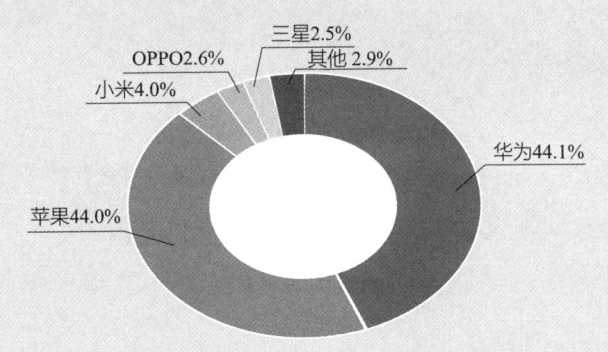

图 1-3 2020 年上半年中国 600 美元以上价位段智能机市场份额示意图
资料来源:IDC 中国,2020

实际上，随着华为终端的一路崛起，苹果的市场份额一路下滑，在中国区的整体市场份额从高位的25%下降到了2020年第三季度的8.3%，如表1-1。

表1-1　2020年第三季度，中国前五大智能手机厂商出货量、市场份额、出货量同比增幅

厂商	2020年第三季度出货量（单位：百万台）	2020年第三季度市场份额（单位：%）	2019年第三季度出货量（单位：百万台）	2019年第三季度市场份额（单位：%）	出货量同比增幅（单位：%）
1.华为	35.1	41.4	41.5	42.0	-15.5
2.vivo	15.0	17.8	18.1	18.3	-16.9
3.OPPO	14.1	16.6	16.4	16.6	-14.2
4.小米	11.0	13.0	9.7	9.8	13.4
5.Apple	7.0	8.3	8.1	8.2	-13.1
其他	2.5	3.0	5.0	5.1	-49.6
合计	84.8	100.0	98.9	100.0	-14.3

注：数据均为四舍五入后取值
资料来源：IDC中国季度手机市场跟踪报告，2020年第三季度

2020年5月，美国升级了对华为的制裁，使华为无法获得制造手机所需要的芯片，之前在华为手机中使用的麒麟系列高端芯片也因为中国芯片产业链尚不具备生产能力而无法使用，致使华为从2020年四季度开始无法正常供货，但是因此丢失的市场份额被谁捡走了呢？

苹果2021年10月发布的2021财年第四财季业绩数据显示，本财季总净营收同比增长29%，净利润同比增长62%（78.78亿美元）；大中华区营收同比增长83%（66.17亿美元）。大中华区苹果营收增长幅度的数据是不是似曾相识？

要知道苹果的主要市场就是600美元以上价位段的高端手机市场，同比差不多翻倍不就是说华为失去的高端市场又回到了苹果手中？

实际上，不只是高端手机，没有了华为在中国市场的有力竞争和参与的这一年多里，苹果手机在中国大肆攻城略地，整体市场份额也从2020年三季度的8.3%回光返照爬升到2021年四季度的20.6%，如表1-2。

表1-2　2021年第四季度，中国前五大智能手机厂商出货量、市场份额、出货量同比增幅

厂商	2021年第四季度出货量（单位：百万台）	2021年第四季度市场份额（单位：%）	2020年第四季度出货量（单位：百万台）	2020年第四季度市场份额（单位：%）	出货量同比增幅（单位：%）
1.Apple	17.2	20.6	16.7	19.3	3.0
2.Honor	14.2	17.0	4.0	4.6	253.4
3.vivo	14.0	16.8	15.4	17.8	-9.1
4.OPPO	13.9	16.6	16.7	19.3	-16.6
5.Xiaomi	13.2	15.8	11.8	13.7	11.1
其他	11.0	13.2	21.8	25.2	-49.5
合计	83.5	100.0	86.4	100.0	-3.4

注：数据为初版，存在变化可能，数据均为四舍五入后取值
资料来源：IDC中国季度手机市场跟踪报告，2021年第四季度

如果说华为手机的成功是因为民族情感，那为什么华为因"不可抗力"暂时难以供应手机市场后，其他的国产品牌没有顶上呢？难道之前爱国的同胞只爱华为？其他的都不是中国品牌？由此可见，所谓的"情怀论、爱国论"是多么荒谬，实际上，它只是别有用心的人为了煽动民众

情绪吸引眼球赚取流量或者打击华为所发布的软文而已。

真正了解华为就会知道，华为追求的永远是苦练内功。1998年6月22日，任正非就说，《华为基本法》中有一条"为了使华为成为世界一流的设备供应商，我们将永不进入信息服务业。通过无依赖的市场压力传递，使内部机制永远处于激活状态"，这在公司讨论和发酵中争议很大，大家认为企业应该在擅长的领域什么赚钱做什么，而且不理解"无依赖"的含义到底是什么。

任正非坚持要加入此条并就此解释了原因：此前经常遇到电信业务私营化的机会，华为均没有参加，虽然不参加会让以后卖设备比现在更困难，但只有这样才能迫使企业把产品性能、质量、服务、管理等做到最好，否则就很难销售，这就是无依赖的市场压力传递，市场成功不能依赖任何外部因素，或者说，"置之死地而后生"就会把华为逼成世界一流的设备供应商。

不走捷径、苦练内功、均衡发展、全面构建管理竞争力，才是一个企业长期的成功之道，将华为成功的原因归结为战略、文化、薪酬、干部等某个要素，只是某些人为了赚钱而引导的理论而已，要学习华为，必须要看任正非长期以来说了什么、坚持了什么。

在任正非的领导下，华为依赖有效管理所构建起的企业竞争力才是其成功的根本，在几年前能够全面公平竞争时，华为手机就已经打败了苹果、三星，占据了手机厂商世界第一的位置，复制了在运营商市场成为世界第一的发展历程。企业管理能力一旦构建是不太会丢失的，只是需要持续革新自己的管理体系而已。相信国产芯片生产链能力具备之日，就是华为手机无奈蛰伏后的蜕变涅槃之时，也衷心祝福中国的整个科技产业能够早日站上世界巅峰。

第一章 变革是为了什么

管理进步依赖于持续有效的变革

在某种意义上看某些公司不比华为差,它们为什么没有发展起来?就是因为没有融入管理,什么东西都是可以买来的,唯有管理是买不来的。这是一项非常宏大的工程,不是一个哈佛大学的学生就能搞出来的,要靠全体优秀的华为员工才能搞出来。

(来源:《任正非在管理工程事业部CIMS①汇报会上的讲话》,任正非,1997年)

既然企业竞争的本质是管理的竞争,那管理如何进步?管理是买不来的,华为的发展历程和成功实践充分表明,管理进步唯有依赖持续有效的管理变革与改进,变革领导力在其中至关重要。在这个过程中,企业家的觉悟高低和意识上是否有紧迫感决定了管理进步的快慢。无论是为了当前业务的有效运行,还是为了获得市场上的竞争优势,抑或面向未来进行创新,都需要进行变革。

2014年任正非在《自我批判,不断超越——就公司组织变革致全体员工的一封信》中讲道:"近十年来多少行业巨头走向衰弱,就是因为不能适时顺应环境的变化,不能积极扬弃过去,不能主动打破自我舒适区。固守不变的优势,也极有可能成为我们进一

---

① CIMS:Computer Integrated Manufacturing System,指计算机集成制造系统。——编者注

步成长和超越自己的最大灾难。未来是光明的，过程可能是痛苦的。"

如果我们动态来看，即使是同一家企业，在处于不同的发展阶段时，其业务结构也会不同，包括客户的类型、产品与解决方案的组合、市场布局与商业模式、服务客户的方式等，这就需要企业具备与之相匹配的业务流程、组织架构、作战工具等，因此业务发展本身也对管理变革提出了切实的诉求，应对这种诉求的有效变革也推动了管理进步。

实际上，在一个信息互联互通的互联网时代，企业获取任何资源的难度都大大降低，包括人才、技术、知识、资本等，而且企业可以通过购买直接使用它们，但是只有一个东西是买不到的，那就是管理。

企业即使能通过合适的渠道获得友商的管理实践经验、文件等，也必须通过相当长一段时间的管理变革与改进使其融入企业的管理体系，才能开始发挥作用。这就决定了其他的进步相对要容易些，而管理的进步要更难。

举个例子，标杆公司可能已经有一套完善的管理体系，如果把它直接套用到其他公司，结果基本上会失败。且不说每家企业的业务特征都不一样，对于规模尚一般的企业而言，仅标杆公司的各种委员会的运作成本就会让它们不堪重负，因而学习来的管理体系进行全面适配性变革后才能发挥作用。

管理进步是一个持续积累的过程，并非一日之功，这种积累必须建立在掌握了有效的变革与改进方法的基础上。华为的IPD变革基本完善花了10年时间，IFS（集成财经服务）变革也花了7年时间。我们要确保每一次变革的开展都有成效且对其成果进行有效固化，不然就会是"今天修了明天挖，明天修了后天挖"，

第一章　变革是为了什么

管理改进就只是在原地踏步而已。

从某种程度上来讲，管理与变革就像是一对孪生兄弟，因为对企业而言，"变革"变的内容就是"管理"，两者间存在强依赖关系。企业的变革能力强，管理才能做强；变革能力弱，管理也一定会弱。

一个不掌握"有效的变革能力"的企业开展变革，有点类似于没有锄头希望种好粮食，过程会很痛苦。不仅效率不高，结果也很难如意。其实道理很简单，对于任何一个职能域的管理体系而言，无论是 IPD 还是人力资源，构建它的工具正是"变革能力（指变革流程、工具、方法、变革领导力等）"。

管理进步的结果是两个端到端的打通，这是我们在华为推进大质量管理时设计提出的，一个是客户驱动的"从客户需求到客户满意"，一个是战略驱动的"从战略制定到执行落地"，两个端到端之间是互相关联的，战略要匹配客户需求，执行要对准客户满意，企业所做的所有事情其实都是围绕这两个端到端开展的，且不可偏废，如图 1-4。

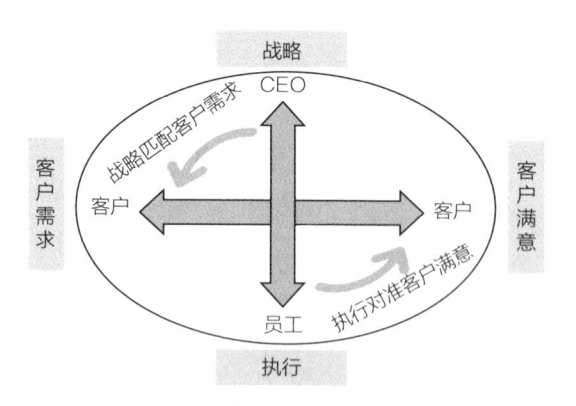

图 1-4 企业的两个端到端模型

ISO9000质量管理体系主要讲的是第一个端到端——"从客户需求到客户满意",这是企业生存的根本。如果企业还有远大的理想,那就需要紧紧围绕企业的愿景和使命,将其例行地具化为企业的发展战略,并通过管理体系的建设逐步构建起企业的核心竞争力来承载战略的落地。如果两个端到端都能打通,也就实现了大质量管理。

很多企业家随着企业的发展及规模的壮大逐步认识到管理与变革的重要性,但是却迟迟缺乏科学的行动。要知道成长不在于知,而在于行,更在于有效的行。不行动、盲目行动、错误行动都等于零,在管理进步上一个好老师等于一百个一般的老师。

第一章 变革是为了什么

案例（华为）：对管理进步的永恒追求[1]

华为公司创立于1987年，创立伊始，收入主要来自代理销售香港一家通信设备商的用户交换机，第一次收入超过1亿元是在1992年，当时员工数约为270人，在此过程中任正非看到了通信行业的广阔空间，决定开始自研模拟及数字交换机，并于1994年推出了C&C08数字程控交换机。

20世纪90年代的中国，主要的通信市场已经被爱立信等友商牢牢占据，同时由于电信局所用产品天然需要互联互通，新来者进入市场会异常艰难，因而华为只能走一条坎坷的农村包围城市的市场开拓道路，以远低于爱立信、朗讯等西方友商的价格也只能进入小县城等边缘电信局市场。

幸运的是，正因为中国在那个年代依旧落后，而我们的外籍友商又已经过上了富裕的生活，所以他们很容易就可以做到"不以客户为中心"，同时又把控着市场和技术，追求高额的利润就成为理所当然的事情。记得那时候安装一部电话不仅要排队，而且仅买个号就要花几千甚至上万元，要知道那时候一个大学生一年的学费全包才500元。不得不说华为正是因此才得以生存，获得成功有时候真是需要感谢对手。

彼时的中国，还没有太多企业管理的概念，但是华为却独辟蹊径。首先是创造性地实施了内部股权激励计划，其次

---

[1] 为了让大家更好地理解本书中的内容及思想，供各行业学习借鉴，后续所述案例的范围会包括华为公司以及华为以外的其他行业和公司，其中既有成功的，也有失败的，供大家参考。

是任正非在公司内部一直不厌其烦地推动管理进步，可以说直到今天我都很少看到有企业家像任正非一样言必称管理。在此期间，华为就开始向合益咨询公司学习人力资源管理，起草《华为基本法》，并于1996年通过了ISO9001：1994质量管理体系认证。

到1996年时，华为的销售收入差不多比1994年翻了一番，已经做到了12亿元，员工数也达到了2500人，内部管理也逐渐理顺，并一直秉承着客户是上帝的精神，可以说是24小时随叫随到，不像友商那样高高在上，因而收获了越来越多的客户信任，市场局面也越来越好，度过了艰难的生存期。

正在员工们欢欣鼓舞的时候，任正非提出了二次创业的口号，并在随后的多次讲话中对二次创业的关键内涵进行了说明。任正非在1996年提出："如果我们不继续艰苦奋斗，不努力使管理水平与国际接轨，大好形势就会付诸东流。我们在进行第二次创业活动，从企业家管理向职业化管理过渡。华为公司在实施体制改革、组织改革的第二次创业时最大的特点是权力再分配，权力再分配的基础就是ISO9000流程。"

我很多年以后才真正理解权力的基础是流程，或者说权力由流程定义，其实就算到今天，可能大多数人也还缺乏这样的认识，甚至可能不认同这样的观点，但是在25年前，任正非就能认识到这一点，不得不说这让我深感佩服。

华为随后开始了全面的职业化管理进程，并开始每年

第一章 变革是为了什么

都投入大笔资金聘请顾问公司指导各领域的管理体系建设工作，在已建成的ISO质量管理体系基础上，建立了相对完善的人力资源体系、研发管理体系、市场管理体系、供应管理体系、财经管理体系等。如果要给华为以职业化管理为主题的二次创业划一个时间段，那就是1996年～2004年，彼时新的研发和供应模式已基本落地全面运作。

从2004年开始，华为的国际化进程开始取得实质性进展，海外市场收入占比从2001年的仅10%逐步提升到2004年的30%，并在随后的几年提升到75%，总收入也在2008年首次突破1000亿元人民币。虽然业务发展迅猛，但是公司并没有在追求管理进步的旅程上停下脚步，同期在各大顾问公司的指导下建立了变革、营销、销售、服务等各领域的管理体系，并优化了财经管理与人力资源管理，至2012年基本完成了端到端的企业管理体系建设。

在我们看来，华为的企业管理体系已经基本构建完成。华为于2011年成立企业BG（业务组）、消费者BG（源于2009年成立的华为终端公司）时，除了须建设相对独特的销售流程〔因为华为起家的运营商业务是直销的B2B（商家对商家）销售模式，而企业BG增加了分销模式，消费者BG是B2C（商家面向消费者）销售模式〕，其他的无论是研发、制造还是人力资源等基本都可以直接拷贝式继承，组织形态可以复制。可是与我们的想法不同的是，任正非驱动公司管理进步的声音却从未停歇。

1998年，任正非在《不做昙花一现的英雄》文章中就讲道,"管理与服务是华为生死攸关的问题。没有管理改进的愿望,企业实际已经死亡。要把生命注入到永恒的管理优化中去"。实际上,在此之后的几乎每一次讲话中,任正非都会提到"管理流程变革与改进"的话题。

以2018年任正非在接受新华社专访时的发言为例,任正非提出:"华为坚定不移持续变革,全面学习西方公司管理。我们花了28年时间向西方学习,至今还没有打通全流程,虽然我们和其他一些公司相比管理已经很好了,但和爱立信这样的国际公司相比,多了2万管理人员,每年多花40亿美元管理费用。所以我们还在不断优化组织和流程,提升内部效率。"

对华为来说,管理进步是永恒的追求。如果用一张图来表示过去30多年华为公司在市场持续发展的同时管理进步从不停歇的历程,示意图如图1-5。

第一章 变革是为了什么

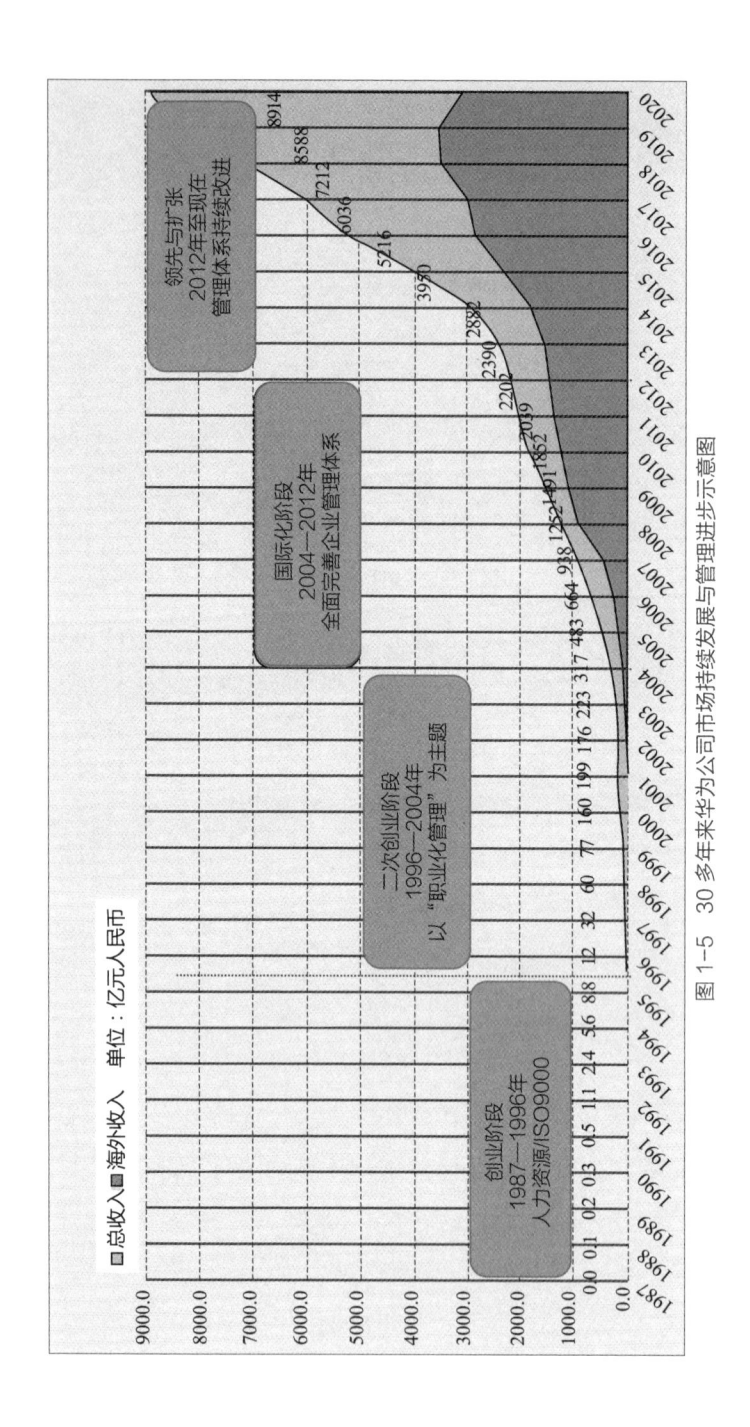

图1-5 30多年来华为公司市场持续发展与管理进步示意图

案例（万科）：企业扩张必须踩在坚实的基础上

万科企业股份有限公司创立于1984年，最初经营的是自动化办公设备及专业影视器材的进口销售，后结合企业经营原始积累、股份制改造和上市获得的资金支持等，逐步拓展到影视、进出口、房地产、零售连锁等十大行业。

万科虽然通过多元化经营使企业的收入规模有了一定的增长，但随后发现，这些业务并不稳定，也没有竞争力，多元化的项目市占率低，还分散公司的资源，因此万科开始意识到企业扩张必须踩在坚实的基础上。

1993年，公司高层在上海召开务虚会，对自1988年底公开发行A股以来的发展进程进行了反思总结，重新确定了以城市大众住宅开发为公司主导的业务模式。

万科随后于1996年卖出怡宝饮料、1997年卖出万科工业、1998年卖出万科国企（广告）、1999年卖出万科贸易、2001年卖出万佳百货，至此完成了业务上战略聚焦的专业性调整。

在发展的过程中，万科相比于其他地产公司乃至科技公司更早地认识到管理的力量，率先实施人才管理、质量管理、客户管理、文化建设、研发中心建设等科学的管理理念，为公司的可持续发展奠定了坚实的基础。

1991年，公司就提出"人才是万科的资本"的理念。1992年，公司内部文化刊物《万科周报》诞生，后更名为《万科周刊》，成为万科传承企业文化与塑造企业品牌的重要载体。

1996年，深圳万科物业管理公司通过ISO9002第三方国际认证，成为国内首家通过国际认证的物业管理公司。在此后的几年间，公司进行了多项有效的地产管理创新，例如推出代表公司与客户进行有效沟通的渠道——"万客会"，被媒体誉为引发中国房地产界经营革新的重要举措。为提高万科地产开发水平，增加项目开发科技含量，公司成立了万科建筑研究中心。

2003年，公司召开务虚会，确定"学习帕尔迪"，以其为标杆企业。帕尔迪是当时美国最大的住宅开发企业，保持连续53年盈利纪录，在跨地域经营、持续盈利能力、客户细分及客户关系管理等诸多方面都有良好表现。

在构建了相对完善的企业管理体系和具备较高水平的管理能力后，万科于2013年召开秋季例会，明确了未来10年要继续贯彻"均好中提效"的业务方针，并提出了"城市配套服务商"的地产相关多元化转型目标。

在"以人民的美好生活为己任、以高质量发展领先领跑、做伟大新时代的好企业"事业愿景的牵引下，实现了业务的高速稳健发展，1993年万科收入仅10亿元人民币，2020年万科集团年度累计销售签约金额已站上7000亿元新台阶，为集团在"管理红利时代"持续打赢、领先领跑奠定了坚实基础。

概括来看，万科的发展可以分为以下三个阶段。

1984—1992年：起步深圳，追求非相关多元化发展；

1993—2013年：聚焦房地产专业化发展，构建坚实的管理基础；

2014年至现在：重新发展相关多元化业务，定位为"城市配套服务商"。

万科的成功充分证明，企业竞争的本质是管理的竞争，企业扩张必须踩在坚实的基础上。

第一章 变革是为了什么

2

HUAWEI

第 二 章
变革领导力

管理的改革是永无止境的。到了我们的管理工程验收的时候，我们又面临着如何在更高层次深入管理改革的问题。除非到我们公司破产的那一天，我们才可能不要管理改革，这一点决不会动摇。

（来源：《任正非在 MRP II 推行协调会上的讲话》，任正非，1996 年）

什么是变革

从广义上来讲,"变革"是对变化的一种统称,主要包括三种形式,企业中一般使用变革和改进两种说法。

变革(Transformation):一般用于企业/组织领域。指从当前状态向目标状态迁移,业务运作模式会发生变化。

改进(Improvement):既用于企业也用于社会。改进指日常性的运作优化,不涉及运作模式上的重大变化。

革命(Revolution):一般用于政治/社会领域。指重大的社会革新,如法国大革命、科技革命、产业革命等。

从企业的视角看,变革是企业基于战略意图,通过从业务流程、组织架构、IT作战工具等管理体系要素方面进行调整,改善业务经营能力,构建企业的核心竞争力,实现持续有效发展的过程,如图 2-1。

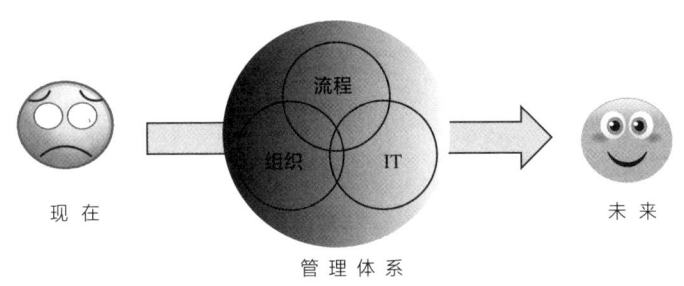

图 2-1 变革的概念示意图

在企业里，流程是执行业务的方式，IT是执行业务的工具，组织与组织中的人是执行业务的主体，所有的变化最终实质上都由"人"来承载，因此变革本质上是围绕如何改变人的意识和行为来开展的，只是在企业里，管理体系的呈现形式是流程、IT和组织。如果汇总起来更加形象地比喻变革，那就是企业的变革就如同移动企业这座冰山，使其从现在走向未来，如图2-2。

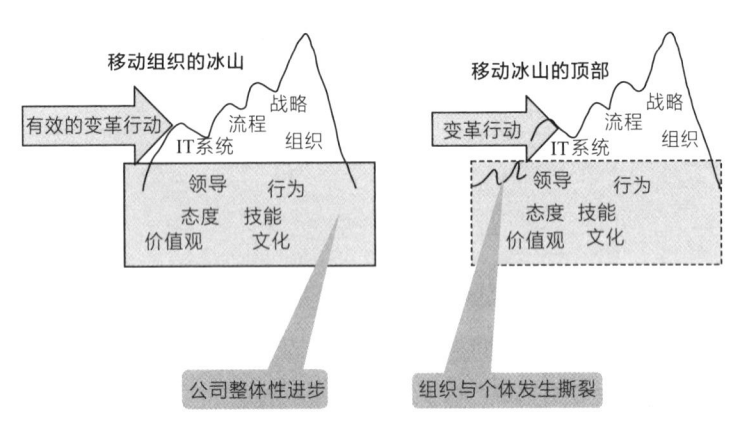

图 2-2 变革的冰山模型

从图中可以看出，做好变革其实是一个系统工程。很多企业认识到管理与变革的重要性，于是快速开始各种业务性的能力建设与变革工作，比如研发变革、销售变革，但是却没有想到开展这些工作的前提正是拥有变革能力，变革能力的建设更应予以高度重视，否则就如同想种出好粮食却没有好锄头。冰山上的流程、组织、IT有其专业的集成设计方法，冰山下的个体的转变更需要科学指导，这也是为什么很多企业不具备变革能力时做不好变革的原因。

最后，我们需要注意的是，企业大到战略方向调整、公司业务转型、商业模式创新、集团整合并购、企业流程再造，小到日常工作中的新制度推行等，其实都是变革，因为每一项措施的最终落地一定会影响到组织运作的流程、组织形态、责任权力，以及与其相关的员工行为和认知等，只是其影响程度和影响范围可能存在差异而已。

进入21世纪，企业所处的市场环境每天都在快速发展和变化，新的运营模式、协作模式、作业模式都层出不穷。企业要想生存，或者说想长久生存，要么主动发起变革，构建起在市场上领先的更高效的企业管理体系，要么被迫开展变革，快速追随标杆企业的高效生产方式。如果变革开展得不及时或变革的效果不佳，代价往往是被市场和时代抛弃。

对于企业来讲，生于忧患死于安乐，必须居安思危始终保持危机意识。很多年前，华为就将"持续自我批判"作为企业核心价值观之一，批判的核心内容不只是对自己这个人，更是对工作这件事，批判的结果就是发现改进的机会点，进而通过个人"变革"提升自己，通过管理变革提升组织能力，变革是使企业持续进步的关键武器。

第二章　变革领导力

变革的常见误区

大家如果理解了变革的冰山模型,就会知道变革是一项非常专业的工作。冰山上面的变革方案设计需要科学的方法,冰山下面的人的转变也需要科学的方法。实际上,在大多数企业,甚至在华为,如果没有经过专业的变革方法或变革领导力等知识的赋能,很多变革都会走入误区,如图2-3。

图 2-3 变革的常见误区

（为流程而流程 → 为变革而变革 → 为落地而落地 → 为建设而建设 → 有顾问就能成功）

第一个典型的误区是"为流程而流程"。例如先划分一级流程再分解出二级流程和三、四、五级流程等。此误区的产生和企业管理理论的发展历程有关,很多人把"企业管理"等同于"流程"。

实际上,一个企业要高效运作,流程、组织、IT这三个"企业管理核心要素"是需要有效协同的。在华为,没有任何一个流程是单独建立的,流程一定是在变革项目中与其他管理体系要素集成设计生成的。

第二个典型的误区是"为变革而变革"。例如 2020 年开始甚嚣尘上的"数字化转型",所谓的专家们为了商业利益不停地鼓吹这一概念,甚至标榜华为在 20 世纪 90 年代就开始了数字化转型变革,这实在是荒谬至极。华为公司是什么时候开始有这个变革项目的呢?是 2016 年。

变革必须服务于业务战略,要和业务战略深度互锁,目标是提升组织能力,构建组织持续胜利的机制保障,而不是去追赶时髦的管理名词。例如,一个企业在产品、服务的管理竞争力都没构建起来的情况下就要做数字化转型是很荒谬的。

第三个典型的误区是"为落地而落地"。这是一种典型的做出了产品(这里是变革的"产品")就要去卖的思维。例如,方案设计出来了,以为一纸文件变革就能落地,在遇到阻力时就采取各种行政高压政策。

推行是有科学的方法的,过程中不去做推行准备度、变革接受度的评估而强制性落地可能会给组织带来巨大的伤害。且不说如果行为或意识未转变,变革会"回潮",落地的方案就一定没有问题吗?不讲究方法而强制落地会害了公司。

第四个典型的误区是"为建设而建设",尤其会发生在组织充分授权的企业中。例如,各职能领域在认识到管理或变革的价值后,纷纷开展各自领域的变革,组织中就会出现九龙治水、各自为政的局面。

类比一下,如果从家里出门时发现门口的每条路都在修,我们还有心思出门吗?对于企业也一样。各领域同步变革且不说缺乏基线无法集成,到处都在施工大家连做好基本工作的心思都没有了。发展是追求、生存才是底线。

第五个典型的误区是"有顾问就能成功"。且不说顾问水平有高低之分,且大多数顾问只懂业务而并不真正懂变革,想想顾问的首要工作目标是什么就会知道这一条难以成立,毕竟大多数人的出发点都是利己而非利他的。

实际上,变革误区还有很多种情况。如果变革不能科学地开展,其结果就会是变革不但不能促进公司管理的进步和竞争力的提升,反而会把公司拖向很不利的局面,甚至使公司撕裂。

变革的成功要素

宏观来讲，可以把组织中与变革相关的人分成两类。一类是变革主导者，或者说推动变革的人。另一类是被动变革者，也叫被变革对象，就是企业中需要承载、执行变革方案的个体或群体。

为帮助大家从宏观上形象地理解变革推进的过程，我绘制了一个变革微笑曲线示意图，如图 2-4。

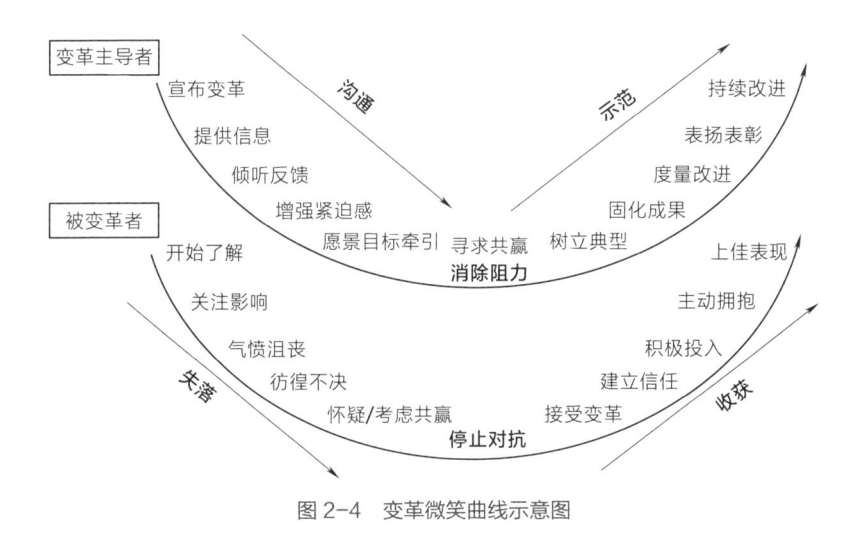

```
变革主导者
  宣布变革    沟通              示范    持续改进
    提供信息                          表扬表彰
      倾听反馈                      度量改进
        增强紧迫感                固化成果
被变革者   愿景目标牵引  寻求共赢  树立典型
  开始了解            消除阻力            上佳表现
    关注影响                          主动拥抱
      气愤沮丧                      积极投入
  失落  彷徨不决                  建立信任  收获
          怀疑/考虑共赢      接受变革
                  停止对抗
```

图 2-4 变革微笑曲线示意图

从变革微笑曲线中我们可以看到，要使被变革者完成"关注变革 – 气愤 – 彷徨 – 怀疑 – 停止对抗 – 接受 – 信任 – 拥抱变革"这样一段困难的心态转变，变革主导者需要开展大量有效的工作。

在企业中，组织开展的某个具体的变革是在特定时间为达成特定目标而存在的阶段性任务，因此变革通常也是以项目的形式存在的，具备临时性、独特性、目标特定等项目型工作的特征。

项目的定义：项目是为完成某一独特的产品或服务所做的一次性努力。

——项目管理协会（Project Management Institute，PMI）

既然变革是项目的一种，那么变革的成功要素与项目的成功要素就应该有共通性，例如：范围管理、时间管理、成本管理、质量管理、沟通管理、风险管理等。

同时，我们必须注意到，变革和我们常说的项目有显著的差异，这种差异在于通常意义上的项目（如研发项目、交付项目）确定性强，是组织不得不开展的任务，其他部门一般都会支持，按照正常的流程运作即可。而变革具有极大的不确定性，通常涉及业务运作模式的变化，要从当前已经习惯了的舒适区迁移到新的运作方式，涉及权力利益的调整，个体意识和行为上都会发生显著的变化，而且通常需要卷入高层，其困难是难以想象的，因此变革的成功要素会比通常意义上项目的成功要素要多得多。

例如，变革相对独特的成功要素有：学习领先实践、变革是一把手工程、要争取组织中广泛的支持、要把握好变革节奏、流程/组织/IT重设计、先试点成功再推行、消除变革中的阻力、沟通/宣传/教育、建立与新业务模式相匹配的文化等。这些独特的成功要素不可或缺，只要有一个没有做好，就很可能会导致变革整体性的失败或变革中的重大挫折，因此组织务必给予变革更高的重视度。

什么是变革领导力

变革是一个公司从现在走向未来的过程。即使事先设想得再好，也不可能一帆风顺，毕竟变革是一个要改变很多人的利益、行为、意识的过程，而且本身要前往的方向是在公司内部没有实践过的，谁也无法预测过程中会发生哪些冲突，遇到哪些风雨。

在做业务时，不少企业为了减少风险，会采取跟随策略，跟随别人的产品定义、跟随别人的商业模式、跟随别人的客户服务方法，这样难度要小很多，失误的代价也不会太大，因为前面有人领路，有效和无效都是已经经过了检验的。

现在要做变革了，作为变革的主导者，我们就是公司内部的领路人了。在没人带路的情况下，我们要带领大家走一条公司内前人没有走过的路，这就如同一群人在茫茫的草原上行走，没有了北斗七星的指引，如何走出去是很考验领路人的。

不同类型的企业，变革要成功面临的关键挑战各不相同。例如：中小型企业普遍对管理的作用认识不深刻，通过变革构建管理体系的意愿不强。中大型企业逐步认识到了管理的作用，但是又因为组织的权力分配盘根错节，大家很难就变革方向与方案达成共识。

变革不只是因为挑战而复杂。一个大型的变革往往还需要经过比较长的时间周期，例如华为的 IPD 变革从 1998 年开始启动，直到 2009 年发布 IPD6.0 才算是建立了基本完善的集成的 IPD 管理体系，在这么长的周期中，如何让大家坚持前行、少走弯路又能保持变革热情呢？

变革的领导者不仅要敢想敢干，更需要的是行动的智慧。如果不掌握有效的变革领导力，变革要成功非常困难，而要失败却很容易。

在华为，关于领导力标准有干部"四力"的说法，"四力"分别是决断力、执行力、理解力、人际连接力。对不同层级的干部又各有侧重，比如对于高层干部主要强调决断力，对于基层干部强调执行力和理解力。

领导力大师詹姆斯·库泽斯和巴里·波斯纳在 20 世纪 80 年代出版了他们《领导力》一书的第一版，30 多年过去了，如今这本书更新到了第六版。他们结合对数千位卓越领导者的案例分析提出了卓越领导者的五种行为习惯，它们是：以身作则、共启愿景、挑战现状、使众人行、激励人心。这些都很有借鉴意义。

那么什么是变革领导力？不同的人对此有不同的理解。有些人认为变革领导力是视野、勇气、影响、韧劲等能力的综合体。我更喜欢把这些称为领导者素质，且这些素质或能力的适用范围并不只是变革领域。

对于变革领导力，业界并无具备影响力的普适性定义，有影响力的是一些相关性言论。如管理大师德鲁克说：管理是把事情做对，领导是做对的事情（Management is doing things right, leadership is doing the right things.）。麦克斯韦尔说：领导力就是影响力（Leadership is influence.）。

如果要给变革领导力下一个定义，我的理解是：变革领导力就是领导变革成功的能力，指通过管理和影响团队或他人，带领变革走在正确的道路上,成功地达成甚至超越组织既定的变革目标。

在一个"唯有变革才能生存,不变革就会衰落,变革是组织的一种常态"的时代,企业家和组织的关键管理者都应该具备变革领导力,帮助整个公司或所管理的组织成功实现一次又一次的自我超越。

缺乏变革领导力的表现

数据统计表明，企业开展的管理变革中只有 8% 能够完全达到预期，不足 30% 算是基本成功，失败的原因多种多样，如图 2-5。

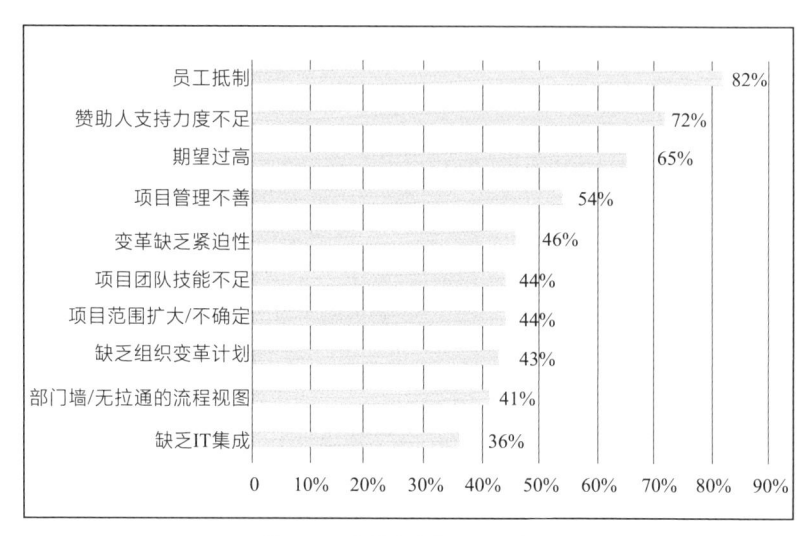

```
员工抵制                    82%
赞助人支持力度不足           72%
期望过高                    65%
项目管理不善                54%
变革缺乏紧迫性              46%
项目团队技能不足            44%
项目范围扩大/不确定          44%
缺乏组织变革计划            43%
部门墙/无拉通的流程视图      41%
缺乏IT集成                  36%
```

图 2-5　变革失败的原因示意图

要想科学而有效地解决员工抵制、支持不足、期望过高、团队技能不足等变革中的常见问题，需要变革领导力的支持。实际上图 2-5 中的很多变革问题也有可能只是呈现出来的表象，根本原因是变革领导力不足。

变革的成功，远不只是有一个好的变革方案就能实现的，这一点从中国历史上的各种社会性的变革中也能看得出来。如果不考虑现代，历史上最成功的变法是商鞅变法，最失败的是戊戌变法，而它们之间最明显的区别就是变革领导力。

商鞅变法启动时，秦国正处于即将被魏国灭国的危机中，无论是经济还是政治、军事都是很落后的，据史书记载，随着变革的推进，秦国很快成了"家给人足、民勇于公战、乡邑大治、兵革大强、诸侯畏惧"的强国，建设了强大的国家公器，为一统华夏奠定了基础。商鞅变法历时近20年，有兴趣的读者可以看看《大秦帝国之裂变》这部电视剧，对个人的变革领导力提升会有较大的帮助。

与之形成鲜明对比的是，戊戌变法仅仅持续了103天便彻底失败，原因有很多，但最主要的原因在于变革的核心领导者完全不具备变革领导力，拿着貌似正确的从"明治维新"复制而来的变革方案，仅靠着一腔热情开始变法，既不懂团结核心领导层，也不懂把握变革节奏，（从后来者给其取名"书生变法"可见一斑），变革失败也就成为必然。

成功的变革领导者通常有很多共同点，而不成功的变革领导者各有各的特点。如果不考虑普适性的领导力素质如战略思维、成就导向等，缺乏变革领导力的典型表现主要有以下三个方面。

首先，不了解变革全景，因而对变革缺乏系统的思考和主见，导致变革不能达成预期的目标或半途而废。

其次，不善于团结他人，因而在变革中难以获得从决策层到周边主管再到员工等各方面的支持，使变革无法有效地推进。

最后，不掌握变革策略，因而使变革的推进工作简单、粗暴、天真，无法有效管理和控制变革的过程。

"你是火炬手"领导变革成功

基于对变革成功要素的总结、归纳和分析，并挖掘历史上的变革经验和教训，我们发现变革的成功之路可以总结为以下六个环节，或者说一个成功的变革领导者主要是掌握了以下六项关键行为能力。

增强变革的紧迫感

大多数时候，组织会处于一种稳定状态，因为大多数人并不习惯自我批判，虽然他们口头上都会说自己是开放的。管理者们觉得组织业绩尚可，员工们觉得个人作战效率并不低，大家即使偶尔看到了一些问题，也都会有各种各样的理由，并不会发自内心地认为是自己的原因，或者觉得要改变会很困难，很少有推进变革的意愿或动力。

如果组织缺乏变革紧迫感，变革推进过程中大家就会认为其个人或个人所代表的组织是被迫改变的，是公司要其改变，而且改变并不一定会有好的结果，进而产生有意或无意的心理抗拒或行动抵触。在这种氛围下，即使是一个好的变革方案，最终推进起来也会困难重重，并在组织不再施压时重新回到变革前的原点。

发展变革的同路人

变革是所有组织成员共同的使命。有了紧迫感之后，我们需要发展变革的同路人，和我们一起推进和执行变革。

一个大型变革的成功绝不是一个人可以完成的，即使是企业的创始人，如果不能获得利益干系人尤其是相关的核心领导的支持，变革也会很难推进，即使推进，变革的效果也会大打折扣。

变革的同路人包括领导团队、执行团队、同盟军、顾问等。领导团队帮助共同推进变革，执行团队具体设计和实施变革，同盟军帮助营造变革氛围，顾问指导变革方法和领先的业务实践，在这几种力量的共同作用下，变革才能获得更大的成功。

共启变革的愿景与目标

最高级的激励是用愿景激励他人，这一点在变革中尤其适用。变革是一个从现在走向未来的困难重重的过程，在这个过程中，必须有一个合理、简单、明确而又振奋人心的愿景来指引前进的方向，建立大家对未来的向往。

围绕变革的愿景，我们需要结合变革方向确定有一定挑战性又相对切实可行的目标（这个目标既包括可预见的变革成果，也包括大的变革节奏），以此作为对组织变革的主要承诺。

在愿景与目标的牵引下，借助形式多样的沟通，大家会认识到变革的意义与价值，加上前期已经建立的变革紧迫感，多数相关人员可能就会积极地参与到变革中来。

消除变革中的阻力

变革中的阻力是一定会存在的，这种阻力来自被变革对象对未来的担忧，如个人的权力是否会减少，能否胜任未来的工作要求，工作负荷是否会提升，组织效率是否能提高等。

阻力的来源可能包括从基层到高层的各个层级，阻力的大小和影响范围也各不相同，需要根据不同层级、不同对象给予不同的重视程度，投入相适应的力量，采取妥善的解决办法，有时候组织可能还需进行一些必要的新的人事安排。

我们必须正视变革中存在的各种阻力，它们是不会自动消失的，除非我们设计了相应的解决方案并进行了有效的处理，简单的针尖对麦芒并不是好办法，会造成变革的失败，或者对组织的潜在伤害。

赢得组织成员对变革成功的信心

一项变革，尤其是大型变革从开始到完成可能需要较长的时间，在这个过程中，如果迟迟不能看到变革的成果，大家就会对变革成功失去信心，进而影响变革的继续推进。

我们必须要规划一些速赢的措施，或者建立几个样板点，让大家在不太长的时间内看到变革的成果。在取得一定的成果时，及时进行阶段性的庆祝，并采用合适的手段激励变革中的先锋队，让其他人也看到支持变革的好处，这样我们就会获得越来越多的支持者。

在一项相对困难的变革工作中，信心是比黄金还要珍贵的东西，通过这些措施会赢得组织成员对变革成功的信心及参与变革的主动性，后续的变革推进也就会更加顺利。

固化变革成果，防止"回潮"

在取得短期的成果后，我们必须思考如何将变革推向深入，完全实现变革愿景与目标，唯一的办法是将新的业务模式构建在组织能力中，具体手段是通过流程、组织和IT等进行固化。

我们要在一定的时间内监控变革后的业务绩效，衡量其是否达到了预期目标，有问题及时纠正。只有组织已经按照新的流程、组织和IT有效运转，个人的行为和意识甚至组织的文化都已经发生了转变，变革才算最终落地。

最后的任务就是结合变革给公司带来的价值对参与变革的人员论功行赏，该奖励的奖励，该补偿的补偿，该处罚的处罚。有了正确的导向和榜样，下一次的变革就会更顺利。

小结

增强紧迫感、发展同路人、共启愿景与目标、消除变革阻力、赢得变革信心、固化变革成果六项行为能力是领导变革成功的要素，将其中关键词的英文首字母合在一起，就是uTORCH模型。u代表的是"你"，TORCH意思是"火炬"，合起来形象地说就是"你是火炬手"。

记住uTORCH六个字母代表的英文单词，我们也就基本知道了如何去领导变革成功，所以我把它称为"你是火炬手·变革领导力"模型，如图2-6。

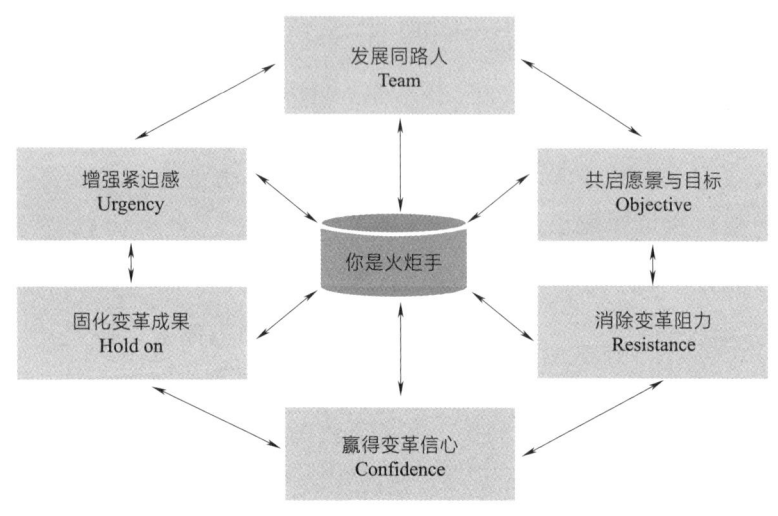

图2-6 "你是火炬手·变革领导力"模型

实际上，"你是火炬手·变革领导力"模型不只可以应用于变革，在我们想推动某人转变或者推进一项需要他人配合的任务时同样可以参考这个模型。我们来看两个工作和生活中的例子，供大家参考。

场景1　说服领导支持本人期望开展的工作

uTORCH 环节	可参考的行动建议
增强紧迫感	挖掘相关素材（如来自公司外的行业实践、公司内其他职能部门的实践），让领导看到开展这项工作的收益或不开展这项工作可能给公司和领导个人职业发展带来的风险，增强领导的紧迫感

（续表）

uTORCH 环节	可参考的行动建议
发展同路人	发展能影响领导认知或决策的本部门骨干员工或其他部门主管（在职场上要避免越级去发展领导的领导），获得他们对此工作的支持，进而从侧面影响领导
共启愿景与目标	结合要开展的工作，总结出简洁、清晰的工作愿景及成果收益的目标，这些愿景与目标最好是容易让领导记住的，这对后续工作的开展会持续产生非常积极的影响
消除阻力	识别开展本工作可能会导致的与部门其他工作之间的资源冲突、相关部门协同问题、部门内人员支持问题等方面的阻力，采取相适应的方案，策略性地消除阻力，使工作推进更加顺利
赢得信心	选取本工作中容易取得成效的工作子项，实施速赢措施，让领导快速见到开展此工作带来的成效，赢得领导更加坚定的信心
固化成果	与前面已发展的同路人一起，说服领导将该项工作进一步设定为组织的重点工作或应持续开展的工作，以文件形式明确任务目标、相关人员资源投入等，使工作成果得以固化不再反复

场景 2　说服孩子追求进步转变学习态度

uTORCH 环节	可参考的行动建议
增强紧迫感	收集相关素材（如中考升学率、高考升学率、各类大学就业率、就业后收入分布情况等），用数据代替唐僧式的说教，或者让孩子体验几天流水线上的打工生活，使其产生自我进步的紧迫感
发展同路人	让家人成为自己的同路人，策略性地相互配合，影响孩子的认知。还可以积极邀请孩子的朋友中拥有正能量的同学到家里交流，或者创造机会让他们互动，通过同龄人影响孩子
共启愿景与目标	让孩子设定自己的人生目标，结合数据引导孩子将目标分解成一步步里程碑式的结果，例如高中需要做到怎样，大学要做到怎样，成为孩子自我驱动的努力方向

第二章　变革领导力

（续表）

uTORCH 环节	可参考的行动建议
消除阻力	学习过程中必要的身心放松是必须的，但如果过于放纵，可以请孩子重新回顾自己的目标。如果孩子有情绪甚至自暴自弃，可以创造环境让孩子亲身体验几天辛苦的体力劳动，应可以较好地消除阻力
赢得信心	帮助孩子快速见到改变学习态度带来的成效，例如多门课程一起提高很难，先将增加的精力用于主攻一门是一个不错的方法，这样就能树立成功的信心
固化成果	与孩子沟通，将已形成的良好的学习习惯形成双方共同认可的规则，让孩子自己监督自己，形成固化的良好学习习惯，使其一直在进步的路上

案例（华为）：持续有效的变革帮助公司实现商业成功

在企业中，激励牵引人才、人才牵引技术、技术牵引机会、机会牵引价值、价值创造更大的激励机会，这样企业就进入了一个良性的发展循环，正如任正非所说："一个企业的经营机制说到底是一种利益驱动的机制。钱分好了，事情就干成一半了。"因而华为于创立后不久就开创性地实施了内部股权激励计划，随后还在合益顾问公司的支持下开展了系统性的薪酬管理变革。实际上直到今天，华为的激励机制还在延续当年的变革成果。

我是1997年加入华为公司的，当年华为公司的收入是32亿元，在当时的大企业阵营中大概排在中等，当年万科的收入是19亿元，美的是22亿元，海尔是38亿元，联想是125亿元（1996年联想就已经成为中国个人电脑市场第一品牌）。当时华为的这个收入规模还不错，但实际上还没有建立起完善的管理机制。

通过我个人的例子可以对当时华为的状况有一个大概的了解。我当时加入华为从面试到开始上班就几天的时间，放在今天的华为这是不可想象的。还有，我加入华为并不是因为审批快，而是因为我面试了三家公司，华为比另外两家每个月多给我500元钱，1997年500元还真是可以买不少东西的。回头看确实要感谢华为，不然我也没有机会见证一个优秀标杆企业的成长历程。

我刚加入时是搞技术的，但是那时候写代码和其他公司一样，连代码注释都不用写，就是说其实没什么流程要求，做了不到一年被产品经理抽调去负责产品质量管理，也不知道干什么，因为那时候整个公司也没几个质量管理人员，那怎么办？我发现审查程序员们的代码很有用，能很快发现问题，个人还很有成就感，就说服产品经理在每个项目组帮我指定了一个QA（质量保证人员），和我一起审代码，之后我就负责产品线的软件质量了，再然后去印度学习了CMM①软件管理。

华为真正的大型变革是从1998年的IPD开始的，因为抓好激励之后最重要的就应该是管理好主要的价值创造过程了，从刚才的例子也能看出我们当时的研发管理有多么原始。IPD请的顾问团队是IBM，他们的咨询费用真的很高，一年要几千万美元，但是在那样的年代任正非就舍得把整个公司利润的绝大部分交给顾问公司，这让我很震撼，不过真正明白其中的道理已经是多年后的事了。

任正非当时对IPD变革的态度是先僵化、后优化、再固化，坚决向IBM学习，不换思想就换脑袋。在强有力的领导力支持下，IPD变革轰轰烈烈地开始了。在固网产品线（当时是华为最大的产品线）要开始推行时正好赶上我从印度学完CMM软件管理回来，产品线总裁说要不你来负责推行，于是我就开始了华为变革之旅。回头来看，不得不说IPD发挥了重要作用，基本上重塑了华为研发的作战模式，让华为产品研发从偶然成功走向了必然成功，使公司年收入从40

---

① CMM的全称是Capability Maturity Model，即能力成熟度模型，是一种科学的软件工程管理方法。

亿元增加到近9000亿元、产品数量翻了数番，但研发依旧井井有条。

此后的大型变革还有：2001年启动的ISC（集成供应链）变革、2007年启动的IFS和CRM[含LTC、ISD（集成服务交付）]变革、2010年启动的人力资源运营变革（含人力资源三支柱等）。ISC和IFS变革的顾问依旧是IBM，CRM变革的顾问换成了埃森哲，当时我正好负责CRM项目群的运作管理。

为进一步集成打通各主干流程并深化变革成果，在一线实现变革集成等目标，2014年公司又启动了面向市场创新的主业务流变革（IPD+）、面向客户的主业务流变革（CRM+）、面向消费者的2C变革，2016年启动数字化转型变革等，在这些变革的支持下，公司的管理体系也日趋完善。

在20多年的变革历程中，华为基于从IBM学习到的变革方法和变革理论，不断进行完善，后来在我负责公司变革项目管理办公室期间，还有一名IBM资深专家一直在帮助我们。今天的华为已经构建了有效的业务变革管理体系（Business Transformation Management System，BTMS），实现了变革规划、变革实施、变革推行、变革治理等各项变革工作的科学管理，这也是华为变革能持续取得比较好的效果的重要原因。

直到今天，华为的变革依旧在持续进行中，变革已经成了公司的一种常态。从华为官网可以看到，华为在关注通过变革提升企业效率的同时，也开始思考面对企业的快速

第二章　变革领导力

增长，如何实现从集权模式转变为"听得见炮火的组织"的需求拉动供给模式。面对未来的挑战，应坚持ROADS（Real-time 实时、On-demand 按需、All-online 全在线、DIY 服务自助和Social 社交化）体验驱动，提升内部效率和效益，让客户、合作伙伴和华为之间交易更快捷、更安全，提升客户满意度。因此，华为的变革依旧会持续深入推进，以促进企业发展和支撑业务高效运作，如图2-7。

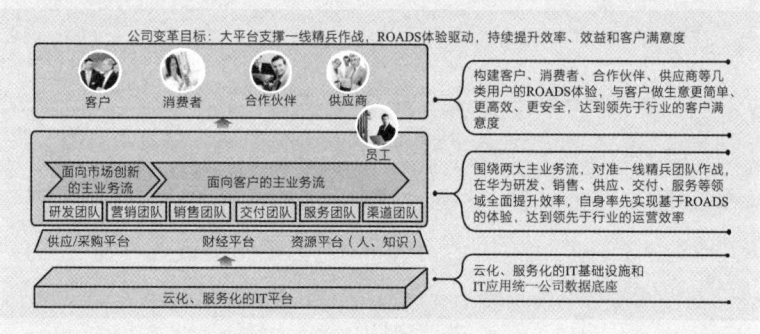

图 2-7 华为公司变革目标示意图

2014年，任正非在《就公司组织变革致全体员工的一封信》中说道："在过去20多年中，不断主动适应变化、持续自我完善的管理变革帮助公司实现了快速的发展和商业成功。"

从这个历程中我们可以看到，通过持续有效的变革引入世界范围内最佳的管理实践并在企业经营中不断深入运用，有力地支撑了华为公司在30多年间从一家本土民营企业发展成为国际化和全球化的领先企业。

3

HUAWEI

第 三 章
增强变革紧迫感

公司所有员工是否考虑过，如果有一天，公司销售额下滑、利润下滑甚至破产，我们怎么办？我们公司的太平时间太长了，在和平时期升的官太多了，这也许就是我们的灾难。泰坦尼克号也是在一片欢呼声中出的海。而且我相信，这一天一定会到来。面对这样的未来，怎样来处理，我们是不是思考过？我们好多员工盲目自豪，盲目乐观，如果想过的人太少，也许这一天就快来了。居安思危，不是危言耸听。

（来源:《华为的冬天》，任正非，2001年）

作为家长,很多人可能都听过一句有趣的话,叫作"不辅导作业母慈子孝,一辅导作业鸡飞狗跳",这里面也许会有一些家长辅导技巧的原因,但更重要的应该是孩子缺乏紧迫感。如果一个人自己不想改变,没有内生的动力,那么无论别人讲得多么有道理,出发点多么有善意,——他都不会接受。

与此类似,多年以前我认为能考上985大学的人水平应该都差不多,只是有的人机遇好,有的人机遇不好,所以在职业发展上会有差异。其实就和大多数知识分子觉得自己"怀才不遇"一样,没有多少人愿意承认自己是有问题的,因此组织中不依赖外力就能觉醒的永远只会是少数人。

组织在要启动一项变革的时候,一般会遇到以下几种心态:

* 我们已经做得很好了
* 虽然我们做得不够好,但是有很多原因
* 我承认我们做得不好,但那是别人的问题
* 我可能也有问题,但用既有方式工作再努努力就可以了
* 变革不能达成期望,还会带来更多的问题

＊变革能达成期望，但可能对我产生影响

＊好吧，你们变吧

翻过了上述七座"心理上的大山"，还只是支持别人开始变，可见没有变革紧迫感的情况下要推进变革会是多么艰难。

柯达的故事

柯达（全称伊士曼柯达公司）是一家影像产品及相关服务的生产供应商，始创于1880年，总部位于美国纽约州罗切斯特市。如今人们拍照可能都已经不带专用的相机了，而是用更易于随身携带的苹果、华为这些厂商的手机产品，但是这样的时代到来其实只有不到10年的时间。

1888年柯达就发明了盒式相机产品，并很快在全球有购买力的群体中流行起来，柯达有一句著名的宣传语："你只需按动快门，剩下的交给我们来做。"在鼎盛时期，柯达的胶卷类相机产品占据了世界摄影器材市场75％的份额，利润占这一市场的90％，那是1930年。

柯达是极其成功的，可以说这种成功一直延续到20世纪末。即使在2000年，中国的大街小巷依然遍布着柯达的照片冲印店，门店超过一万家，是那时麦当劳门店数量的20倍。柯达的命运转折点是什么时候呢？正是21世纪刚刚开始的时候，那也是数码相机全民普及的时代。

有意思的是，全球第一台数码相机的发明者正是柯达自己，那是1975年。当时柯达的工程师把只有一万像素的原型机拿给柯达的高管看，高管说的是："这玩意很可爱，但你不要和别人提起它。"殊不知，科技的进步是不可阻挡的，在柯达内部害怕这种变化影响既得利益的同时，其他公司正奋勇向前。

随后的结果大家都看到了，柯达的市值从巅峰时的300多亿美元一路下滑到不足2亿美元。这就是一个公司如果不敢革自己的命，那么就会被别人革命。有幸成功自我革新的结果是重生，而不敢自我革新的结果只会是消亡。同样的故事还发生在诺基亚、惠普等曾经的行业巨头身上。

衰败是因为这些曾经的行业巨头缺乏对行业的洞察和新知吗？柯达不缺洞察和新知，本来是有率先转型的机会的。类似地，诺基亚也不缺，它甚至比苹果更早推出智能手机，但是它们都患上了同一种病，就是"变革无力症"，公司规模越大、过去越成功这种病的症状就会越明显。正如我特别认可的一句话："成长期的企业视所有变化为机会，衰退期的企业视所有变化为威胁。"

"变革无力症"的源头是什么？就是变革紧迫感不足，从而缺乏变革的动力和意愿，即使有些变革行动，一遇到挫折就又回头了。在柯达的这个案例中，如果相关人员能够更好地建立公司的变革紧迫感（例如用合适的方式将不变革会给公司以及高管个人带来的危害呈现出来），相信高管们也不会愿意看到公司走到今天的地步，也许柯达的变革转型就能得到更好的推进。

变革紧迫感从何而来？要回到原点思考。变革是由不满意激发的，而不满意包括两种：一种是要弥补差距，一种是要控制风险。差距又可以进一步分为两种：一种是业绩差距，一种是机会差距。

业绩差距指组织实际取得的内外部经营成果与组织的目标期望值之间的差距，机会差距指现有经营成果与组织如果采取新的业务运作模式等所能带来的成果之间的差距。

要增强变革紧迫感，核心是做好两个方面：

第一，发现撬动变革的支点：可能是业绩差距、风险，也可能是机会差距。

第二，触动变革的灵魂。

发现撬动变革的支点
- 发现业绩差距/风险/机会差距
- 认清事实，消除自满

触动变革的灵魂
- 触动大家的心弦
- 激发主动变革的动力

图 3-1　增强紧迫感的方法示意图

接下来我们结合增强紧迫感的几项关键工作展开介绍。

发现业绩差距

业绩差距是已经存在的，可能已经呈现在财务/市场的外部结果上，例如收入、利润、份额、增长率等指标，也可能已经体现在内部运作的质量/效率上，例如研发效率、生产效率、交付效率、人才流失率等。

业绩差距代表着组织能力在某些方面已经落后于外部的环境表现或内部的组织期望，但并不代表所有的差距都需要马上弥补，例如企业在面对规模比自己大很多的竞争对手时是不可能全面领先的，只能策略性地选择进攻路径。

从企业的视角看，主要的业绩差距有以下五种类型：与客户的期望差距；与友商的业绩差距；与环境的进步差距；与组织的目标差距；与标杆的能力差距。

增强紧迫感并不需要完整地开展这五种业绩差距的分析，实际上组织在战略制定或日常管理中应该已经有了一些输出，变革要做的核心工作是找到其中最关键的几个差距，然后用合适的方式去触动大家增强变革的紧迫感。

与客户的期望差距

"以客户为中心，为客户提供有效服务，实现客户满意"是企业最重要的工作方向和衡量工作的主要标尺，成就客户就是成就企业本身。当客户对企业服务的感知和自身的期望有差距时，就会表现出不满意，这种差距越大，不满意的程度就会越高。

我们应深层次分析并理解客户的期望（既包括外在也包括内在，既包括当期也包括长期），并尽力让企业的绩效表现去匹配甚至超越客户期望，这样我们就能获得客户当期的满意。如果能持续地匹配或超越客户期望，我们就能获得客户的长期留存。

为了有效地做好与客户的期望差距的分析，我们可以从客户特征、地理位置、购买行为、使用行为等维度将客户进行细分与组合，基于企业当前或未来可能的目标客户的选择，分析其可能的期望。例如亚洲的手机客户是一类，非洲的手机客户是一类。

对客户期望展开分析的信息来源有很多，例如：客户的过往反馈或投诉、客户代表的调研与访谈、定期的客户交流对标会、对客户战略的解码与沟通、客户联合实验室等。我们尤其应该重视客户中高层主管或可能影响客户购买决策的关键利益人的意见与建议。

实际上有一定规模的企业在客户期望管理上都会把此工作例行化、系统化，例如建立客户声音（VOC）管理系统、定期客户拜访与对标等。在获得了客户的期望信息后，我们需要对客户期望进行分类整理，将客户的有代表性的期望与我们的实际表现进行对比，进而形成增强变革紧迫感的相关支撑素材。

在这里提醒大家几个注意事项。

第一，客户的期望不只是已经明确提出的。客户只有已经与供应商建立了长期可靠的伙伴关系时，才会与供应商就其期望值进行深入探讨，在其他大多数情况下，客户的期望是需要去挖掘的。例如客户不买我们的手机，并不一定是由于他们表面上告诉我们的原因，真正的原因可能有很多。假设他只是不喜欢我们的品牌，那么他是不会告诉我们的。

第二，客户的期望不只是当期的。满足当期的客户期望只能实现当期的满意，我们还必须去分析客户的长期诉求，例如了解客户的战略，基于客户的业务战略解码对供应商的未来诉求，通过变革提前构建起相应的能力，这样我们才能具备让客户长期满意的基础。

第三，不是所有的客户期望都要满足。主要原因在于，企业的能力是有限的，我们只能在期望的市场里服务于有限的目标客户，正如一个什么菜都做的餐馆一定是会倒闭的。必须对市场和客户进行细分，进而做出我们的选择，将企业的主要精力用于服务好我们的目标客户。服务好了目标客户，我们的品牌效应会带来更多的客户。

无论如何，与客户的期望差距应作为企业变革与管理工作的重中之重，因为它会直接影响企业的客户留存，进而影响经营结果。实际上，最能快速增强企业变革紧迫感的正是客户。[①]

与友商的业绩差距

企业要想在市场上持续生存下去，或者希望生存得更好，就必须在综合能力上比友商更强，其数据呈现形式就是双方的业绩结果对比。注意业绩结果不只是最终的财务数据，还包括市场/

[①] 对于人力资源、财经、行政等企业内部服务部门的变革来讲，其客户主要是内部客户，理念可以借鉴，但差距分析手段会有不同。

客户、内部运营、学习成长等平衡计分卡的其他方面。

企业尤其要关注业绩结果数据背后隐藏的企业竞争力提升或下降的问题。例如，新产品收入占比、收入增长幅度等指标往往代表着企业的未来竞争力，如果这些指标大幅落后于对手，即使当年整体的收入远超主要友商，企业也很可能在不久的将来落后。

典型的案例如20世纪90年代通信业的代表：巨龙、大唐、中兴、华为、北电、诺基亚、爱立信、朗讯。最开始华为的收入绝对值低于其他通信行业友商，但是其增长速度远超同行，数据后面隐藏的就是企业的未来竞争力。

企业要重点关注的代表综合竞争力或未来竞争力的业绩指标包括：市场份额、收入增长幅度、新产品收入占比、利润率、产品与服务质量、制造与服务成本、研发/上市/供应/服务速度、关键人才主动流失率等。

与主要友商的业绩数据进行比较，并找到其中可能代表企业竞争力下降的关键业绩差距，分析背后的原因和可能对组织带来的长期危害，对增强变革紧迫感会有直接的促进作用。

还有一种情况需要关注，那就是尚未体现在业绩数据上的友商行动假设，包括友商可能采取的战略或者重大行动计划。对于可能性大的行动假设，如有必要，企业应通过提前做好变革准备来应对。

与环境的进步差距

企业是一个社会组织，除了要开展与友商的业绩差距分析，我们还要关注行业市场和宏观环境。如果企业的发展速度未能跟上所处行业的发展速度，或者所处行业的发展速度未能跟上宏观环境的发展速度，其背后隐藏的原因都值得企业予以高度重视。

如果企业的发展速度跟不上行业的进步速度，典型的表现就是企业的收入增幅落后于行业的整体收入增幅，则表示企业综合竞争力在所处行业已经掉队，这种情况的出现意味着如果企业再不变革，被市场抛弃就是迟早的事情了。

如果行业的发展速度跟不上宏观环境的发展速度，典型的表现就是小行业（如功能机，手机的一种）的整体收入增幅低于大行业（如手机）的整体收入增幅甚至低于国民生产总值的增长等，代表的就是所处行业可能已经成为夕阳产业，企业必须尽快考虑业务转型了。

企业，尤其是企业家，必须要时刻保持危机意识，即使企业的发展速度能够赶上行业或宏观环境的发展速度，企业家也要注意所处行业或宏观环境的整体趋势，对市场的整体空间保持敏感性。

例如华为，华为在全球电信运营商市场已经占有一定份额后，它预见到整体运营商市场难以有大的增长，所以就开始重点拓展新的产业，寻找新的增长点了。即使已经取得了巨大成绩，华为依然没有满足，而是认为如果增长停滞会带来很多问题，正是这种危机意识和企业家的格局驱使着华为持续向前发展。

与组织的目标差距

概括来讲，组织的目标包括两种，即战略目标和经营目标。

战略目标是相对长期的，一般是 3~5 年。经营目标是中短期的，一般是 1 年（也有的按月度、季度或半年度管理）。有的企业还会有其他一些关于组织目标的不同叫法，如内部运营目标等，可以看作经营目标的子类。

进一步讲，一个可持续发展的企业，其组织目标应该包括平衡计分卡的四个方面，分别是财务、客户、内部运营、学习与成长。平衡计分卡的核心理念在于，要找出能创造未来财务成果的关键性"绩效驱动因素"，创建出相对于财务成果而言的所谓"领先引导指标"。我们不能只追求短期的财务增长目标而忽视其他目标，否则结果就会是企业可能一两年内发展正常，但是之后很快就会衰败。

对于一个经营性的企业来说，组织目标的基本达成应该是常态，这是因为预算一般是基于目标分配的。如果目标没有达成，而预算通常已经支出了，那就会产生寅吃卯粮的现象，尤其是一些刚性成本如企业新增员工费用的支出等，是很难在下一个经营周期中回撤的，这样就会对企业的下一步发展造成很大的影响。

过去 30 多年，华为基本上每年都达成了经营目标，并实现了高速发展。我 1997 年加入华为时，公司每年的总收入有 30 多亿元，到 2020 年已经达到了 8000 多亿元。记得余承东曾说过一句话："把吹过的每一个牛都实现了，那就不是吹牛了。"这句话其实也是华为的写照，正是华为历年对达成组织目标的要求。

企业如果在一年或者更长的周期内未能达成组织目标，那么就需要深刻反思组织存在的问题，不能总是为自己找各种各样的理由，比如目标定得不合理，资源不足等。话说回来，一个组织的目标应该既具备挑战性又有可达成性，如果组织目标设定的不合理，这本身就是一个大问题，说明组织制定目标的程序或能力可能迫切需要改进。

对于未能达成的组织目标，我们要分析并找到问题产生的根本原因，定位到是组织能力的哪一方面出了问题，有时候也可能是多个方面出了问题，而且问题的根本原因往往与我们的直观想象有很大的差异。只有定位到真正需要改进的方面，才能有的放矢地提升组织能力，进而在下一个经营周期中有效弥补差距。

一个例子

我司在某区域五、六线城市的手机收入未能达成组织目标。

根因分析

数据分析发现：此区域的整体手机市场空间有增长，但我司的绩效表现落后于友商X。

⬇

抽样调研发现：此区域五、六线城市的居民普遍认为友商X的手机好于我司的手机，原因在于看到很多友商X的广告，而且销售店员都这样讲。

⬇

店员访谈发现：友商X的手机销售渠道给的提成比我司高很多，销售店员都是利益共同体。

⬇

营销宣传能力、合作伙伴管理能力需要提升。

与标杆的能力差距

企业在市场上的业绩表现是最终的结果，但形成结果的原因远不只是市场销售能力，而涉及企业综合能力的各方面，而且决定最终结果的往往是组织能力中最弱的那一方面，也叫短板，可能是研发能力、销售能力，也可能是服务能力。

正因为如此，要想在市场上有上佳的表现，我们既要看整体的业绩数据，也要看企业活动范围的整个链条上各项能力的水平，既包括研发、制造、采购、合作、销售、服务等，也包括战略管理、人力资源、财经、行政、运作等。

在企业活动范围的各个环节，我们都应该要求各职能负责人找到行业中的标杆，并定期与标杆进行其所负责业务能力差距的对比。对比的内容既包括能力结果（如效益、效率），也包括能力过程（如工作方式、工作质量）。对比之后设定改进目标和改进计划。企业与行业内标杆的关键能力差距是增强变革紧迫感的一个很重要的来源。

对于有远大追求的企业，可能还会将标杆目标扩展到行业外，提前构筑起在各种能力上的领先优势。在华为，我们会在研发和财经上学习IBM，在知识管理上学习西点军校，在卓越运营上学习三星等（当时华为终端产业尚未开始）。

要注意的是，各行业都有其特殊性，尤其是不同的行业其效益、效率、生产力等结果指标会有较大的不同，这个时候更多的是研究其运作方式，应该批判性地研究和吸收管理精华，找到本行业、本企业的管理能力提升可借鉴的地方。

发现风险

如果组织的各项绩效表现都很好，例如收入增长很好，利润不错，运营效率也高，那么企业是否就没有问题，可以不变革了？答案可能是否定的，我们还要审视企业持续经营可能面临的风险。

以长江大堤为例，在常见的天气条件下，各项运行数据都很好，可能很多年都不会出问题。如果我们因此而懈怠，不具备风险意识，不去例行地审视风险、预防风险、管理风险，那么一次极端天气就可能会把很多年的工作成果付之一炬。对于企业来讲也一样。

从企业的视角看，主要的风险包括以下六种：来自政策的风险；来自客户的风险；来自供应的风险；来自潜在竞争者的风险；来自替代产品或服务的风险；来自组织自身的风险。

风险意味着不确定性，并不一定会发生。风险又往往具有隐蔽性，难以获得组织的重视，因此不会建立相应的预防措施。正因为这样，其破坏力可能也更强。不少大公司因为一次意外事件而毁灭，包括曾经的雷曼兄弟、巴林银行等。

风险和差距都是变革要面对的，其不同点只是差距是已经存在的，而风险是将来可能发生的，对组织的变革紧迫性的影响并无大小之分。

来自政策的风险

企业是社会中的一个组织，必然要在政府政策下运作，而政策往往对企业乃至行业的生死存亡有重大影响，因此作为一个企业，必须对来自政策的风险保持关注。

企业所开展的业务如果属于新兴产业或涉及国计民生，就会因政策未定型或政策变化可能性大，而存在更大的不确定性，这种情况下企业更要对可能出台的政策保持关注。如果企业的业务覆盖的地域还包括海外，那还需要对海外相关地域的政策保持关注。

具备条件的企业，可以组建相应的机构或配备相应的专业人才，参与行业政策的制定。通过了解政策可以提前准备应对方案，通过参与政策制定过程可以让政策更契合行业实际，以提升本企业应对政策风险的能力。

如果出台的政策只会导致行业标准/产品标准等的变化，那么企业配合即可。

如果出台的政策涉及产业转移/经营许可等的变化，企业就要提前准备相应的战略，这就会涉及一系列的变革转型工作。

在管理政策风险方面缺乏变革紧迫感的典型案例是某教育企业，作为市值曾经超过2000亿元的行业巨头，经营多年利润良好却似乎完全未建立应对政策风险的管理能力（例如提前变革转型或拓展新产业），以致面对国家新政策时几乎轰然倒塌，其教训值得其他企业反思。

来自客户的风险

来自客户的风险最主要的是客户更换供应商或客户议价的风险，一般情况下并不会给企业带来致命影响，但有一种情况需要重点关注，那就是企业的客户集中化。

如果企业的客户过于集中，或企业依赖单一客户，那么风险是巨大的，可能的后果包括以下几种。

第一，一旦客户经营不善，将严重影响企业的回款甚至生存。

第二，一旦被替代，将影响企业生存。

第三，一旦客户议价，往往只能妥协，将严重影响企业的经营利润。

要从根本上解决此问题，企业只能发展更多的客户或建立更多的业务组合，其目的都是降低来自集中化客户的业务收入在企业经营中的占比，使问题发生时不至于对企业经营甚至生存产生重大影响。

如果上述目的不能达成，那么要规避或降低客户集中化风险，可以考虑以下措施：

第一，通过设计提高客户转换供应商的成本，如更多的系统集成，降低自己的企业被替代的可能性。

第二，通过设计提高企业产品的技术门槛或标准，使可选的替代品减少，降低客户议价能力。

第三，与客户形成利益共同体。

无论如何，客户集中化都是不健康的状态，应得到企业足够的重视，并尽早通过变革转型改变此种状态。

来自供应的风险

来自供应的最主要的风险是供应商断供或供应商议价。

供应商断供一般发生于以下几种情况：政治性原因或政策性原因，如国家间制裁；供应商自身原因，如缺乏生产原料或业务转型；供应商的供应商断供；竞争对手行动导致的断供，如高价囤货。

如果有备份供应商，那么问题会相对容易处理。如果没有备份供应商，那就会对企业产生重大影响，轻则增加替代成本并导致替代周期内无法销售，重则在一定时间内找不到替代品直接影响企业生存。

供应商议价一般发生于以下情况：市场中没有替代品；企业转换供应商成本高；采购量占供应商收入比例低；供应商能够直接销售成品或服务并与企业竞争。

供应商议价的各类情况需要有针对性的解决办法，不在此赘述。

供应商断供或供应商议价都会对企业的正常经营产生较大影响，企业应提前建立立体供应商体系、供应风险应对机制等，条件许可的情况下还应建立供应商管理体系对供应商进行管理（如英国电信对华为的要求）。

来自潜在竞争者的风险

潜在竞争者指尚未进入本行业，但将来有可能进入的友商。

潜在竞争者是否有意愿进入企业所在行业取决于进入壁垒的

高低，包括所能带来的潜在利益、所需投入的资本与所要承担的风险三个方面。在一些特殊行业还会有政策因素。

对于企业来讲，除非能够影响政府政策，否则无法限制任何一个行业外企业成为潜在竞争者，唯一能做好的是自己，让新进入者无利可图，可能的管理措施包括：控制对利润的追求；提升技术门槛；提升产品竞争力；降低生产综合成本。

其中后三条是企业构建竞争力的必然举措，并不是应对潜在竞争者的特别手段。

华为公司很早就把"控制对利润的追求"写入了公司基本法，与"保持对研发的投入比例"一样，目的是构建长期竞争力。

对来自潜在竞争者风险的防范还有一个要关注的重点是潜在竞争者可能会采取完全不同的业务运营模式或技术，例如线下转线上、有线换无线，这种风险比按照既有模式竞争对企业的影响更大。

总之，企业要保持"可能的潜在竞争者"这种危机意识，并提前变革，构建起企业的护城河。

来自替代产品或服务的风险

经济发展的过程，既是一个产业结构不断转换的过程，也是新产品不断取代老产品、新的服务不断取代旧的服务的过程。新的产品或服务对旧的产品或服务的取代，也就是产品或服务替代。

最简单的例子就是：当全民都在用火柴的时候，打火机被研发出来了，并且逐步具备了批量生产和商业化的条件。对火柴行业来讲，这就是来自替代产品或服务的风险。

两个处于不同行业的企业，可能会由于所提供的产品（或服务）在功能上相近可互相替代而形成竞争，这种源自行业外替代品的风险会以各种形式影响行业内现有企业的业务策略。

替代产品或服务并不一定是一对一存在的，例如一些平台性或集成的产品或服务可能会替代单一功能的产品或服务。典型的如微信，它直接集成了各种小程序，将各种手机应用程序的功能都囊括其中，让用户只在微信中就可以获得各种需求的满足，包括购物、搜索、短视频、游戏，甚至保险、银行服务等。

因为替代品的存在，行业内的企业不得不进一步提高产品或服务的质量，并不得不有意识地控制产品或服务的售价，进而影响获利潜力。在严重的情况下，替代品可能直接颠覆已有的产品或服务市场，如手机颠覆传呼机、数码相机颠覆传统相机、汽车颠覆马车等。

企业应关注本公司提供的产品或服务是否有替代品以及替代品的市场发展情况，如销售增长率、厂家盈利情况等，通过对替代品市场的洞察和分析理解行业趋势，及时调整业务策略，必要时开展业务转型。

来自组织自身的风险

企业发展到一定阶段后，最大的风险有时候不是来自企业外部，而是来自组织自身，例如组织的决策、组织、协调、运营等不当就会给企业带来一定的风险，正如任正非所说："堡垒往往是从内部攻破的。"

组织自身的风险可能发生在方方面面，其根本原因是企业的管理体系尚不成熟，无法在各领域构建起有效的风险防范机制，或在风险转化成问题时缺乏有效的应对机制。

在企业已经构建了基本的管理体系后，依然可能发生而且影响会比较大的组织自身风险包括：现金流断裂风险；资金资产流失风险；投资失误风险；决策绕过风险；客户口头承诺风险；干部腐败、惰怠风险；社会舆情风险……

要规避来自组织自身的风险，核心是通过管理变革逐步建立起有效的企业管理体系，例行开展风险识别、控制和预防等风险管理工作。

发现机会

看得见的对手容易对付，看不见的对手很难对付，因为不知道对方会在哪里和自己竞争。

我们无法管理对手，只能管理自己，因此必须比对手更早抓住可能提升企业竞争力的"黑天鹅"，在对手之前用好"黑天鹅"。

机会只会留给有准备的人。实际上很多企业可能都能看到机会，重要的是，谁的行动速度最快，谁就能抓住机会。

因此，变革的一面是弥补业绩差距、规避风险，另一面是抓住企业发展的机会，提前构建起相应的能力，以便在机会来临时能比友商更好地把握住。

对于企业来讲，机会可宏观地分为三种：产品、服务和市场创新；业务模式创新；运营创新。

产品、服务和市场创新

最痛苦的是我们只能服务于有限的市场和客户，反过来讲就是，最有趣的是永远有市场和客户在等着我们。

我们应基于市场吸引力（市场空间、增长趋势、获利潜力和战略价值等）和公司竞争力（市场份额、竞争优势等）两个维度组成的战略定位矩阵进行分析，确定我们的市场创新策略，如图3-2。

图 3-2　战略定位矩阵图

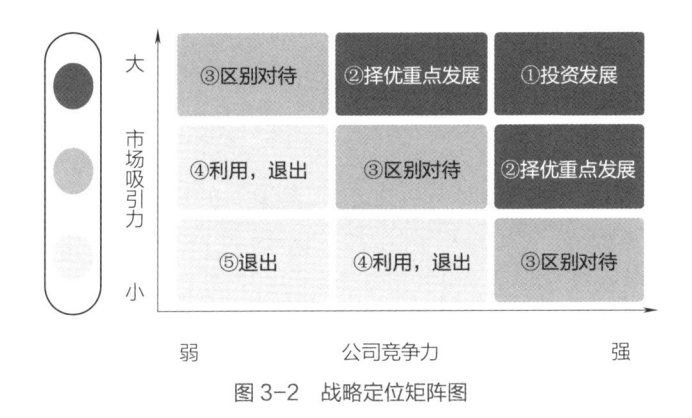

基于市场创新策略，我们要确定自己对客户的独特价值是什么，如何才能让客户选择我们。然后优化我们的产品和服务组合，为客户交付有独特价值的产品和服务。

市场竞争是有无限可能的，在特定时间特定环境，有些初创企业抓住一个机会，就能成长起来，但要持续生存下去，要让企业的身躯强壮起来，必须适时开展系统性的能力建设。

业务模式创新

在企业的活动范围上，各个环节（如图 3-3）都存在业务模式创新的可能。

图 3-3　公司业务环节示意图

以研发为例，我们可以采取"自行设计 + 自行开发"的业务模式，也可以将其中的"设计"或"开发"工作分包给第三方。

以销售为例，我们可以采取"直销"的模式，也可以采取"直销""分销""代销"相结合的模式，各种模式还可以进一步细分。

企业可以把所处的行业价值链和企业活动范围切分为多个环节，从宏观和微观层面分析可能的业务模式、投入成本、产出价值，找到最好的业务模式，有些可能是自营，有些可能会交给有竞争力的合作伙伴，有时候可能还会进行价值链整合。

业务模式创新有时候会伴随着价值转移的过程，有一句比较有趣的话是"羊毛出在狗身上，熊来买单"。

最成功的业务模式莫过于苹果公司的模式，它牢牢地把握住了整个市场生态的控制权，也获得了整个链条中最大的价值。

业务模式创新的出发点包括成本考量、效益考量、竞争力考量等，要从有利于更好地服务客户、有利于企业整体利益的角度出发。

业务模式的创新会对企业的管理体系提出现实的诉求，如果涉及合作伙伴，那决策、运作、协作、激励等流程都会发生较大的变化。

运营创新

业务模式创新的外部视角比较多，运营创新主要是从内部视角审视组织可能的创新机会，主要对准的是成本和效率。

标准的运营管理过程是计划（Plan）、执行（Do）、检查（Check）、改进（Action）（以下简称PDCA循环方法），运营创新也是围绕PDCA循环方法来开展的，分析过程主要围绕流程、组织和IT来开展。

以流程为例，可以基于公司的流程架构（无论已书面化形成文件还是未书面化，其本质上都是存在的），由对应责任人分析能够提高工作效率或工作质量、降低成本的作业方式。

很多时候运营效率难以提升的原因在于职能部门的思维是管控思维而不是服务思维，因而会在流程中设置各种审批控制点以降低出错的风险，类似于华为说的"一人生病，全公司吃药"，这是一种很不可取的思维，应该做的是在服务中构建管控，这样才能提升服务质量，达到管控的目的。

运营的好坏最终会体现在公司的各种度量数据上，从运营的各种仪表盘可以观察运营的质量是在提升还是在恶化。要注意的一点是，虽然没有度量就没有管理，但是度量都是有成本的，不建议做太多太细的度量指标，尤其是细的指标不要用于考核，否则会带来负面作用。

对于任何一个领域来讲，解决问题的关键都是抓住主要矛盾和矛盾的主要方面。解决主要矛盾的同时，次要矛盾和矛盾的次要方面可能就随之消失了。

各职能部门的负责人也应聚焦实现各职能部门的核心价值，围绕核心价值进行创新，不要把精力耗散在细枝末节上，具体事务由下属按照持续改进的方法全员参与及时改进即可。

触动灵魂

要触动任何一个人的灵魂都不是简单的工作，而且很多时候我们对对方的认知并不一定正确，比如对方的微笑不一定代表接受，也有可能只是一种礼貌性的回应（甚至有可能代表委婉的拒绝）。

常见的业绩差距/风险/机会差距是达不到触动灵魂的目的的，必须是关键的、可能严重影响企业、组织或个人发展的业绩差距/风险/机会差距才能触动灵魂，因而触动灵魂前首先要做的一项很重要的工作是做减法，提炼整合已发现的与变革意图相关的业绩差距/风险/机会差距。

其次，如果采用普通的信息传递方式，很难震撼人心，毕竟业绩差距/风险/机会差距要对企业或被变革对象产生进一步影响需要较长的时间，因而大多数人并不会有深刻的感受，何况很多时候人们对事物的看法受主观意识的影响，他们会不自觉地屏蔽很多自己不想看到的信息。

正如未经历过重大挫折的人是不足以谈人生的，因为没有足够的刺激所以很难开悟。要触动一个人的灵魂必须要有能让其记住的"关键时刻"，所以我们要策略性地行动，找到最好的震撼人心的方式，激发出其内心的使命感、责任感和危机感，这样才能更快地取得期望的结果。

最后，正因为触动灵魂的工作并不简单，所以它需要成本，我们没有必要开展全员教育，而应首先聚焦关键的目标人群，也就是可以左右变革进程的核心高管或关键利益关系人，让他们因受到触动而首先积极行动起来，再在变革的过程中逐步影响其他相关人群。

触动灵魂比较好的方式有：用数据说话、现场现物、录像带、仪式感等，在具体应用时还可以将几种方式组合使用。

用数据说话

俗话说"说服人要晓以利害"，与其苦口婆心地沟通教育，不如把变革的利和弊用数据呈现出来。

基于发现的业绩差距/风险/机会差距，我们需要提炼总结形成最关键的可能推动变革前进的指标数据，包括不变革会给组织带来的损失以及变革可能带来的益处，这比苍白地说教效果要好得多。

用于增强变革紧迫感的利和弊两种数据最好都不要超过 3 个，最多 5 个，数据越精练重点就越突出，也越能触动人心，让人记住。

要用纲领性的材料来呈现上述关键利害数据，辅以简明扼要的说明和变革的行动建议。相关支撑材料主要在会议讨论中面对可能的质疑时使用。

关键的变革推动一定是一把手工程，数据呈现前要和一把手做好沟通，然后基于一把手的建议视需要开展关键副职的预先沟通。

正式的会议务必策略性地安排，比如去一个能给大家留下深刻印象的风景如画的会议地点,引导大家用开放的心态全情投入,进行专题讨论、发酵。

会议结束时最好能够形成变革决议和行动纲领,确定变革行动的责任人(或筹备责任人)和进度上的宏观要求。

现场现物

能够推动变革的往往是高级管理者,而很多高级管理者都只是在办公室里看数据、听汇报、下指令,很少接触基层。要触动他们,有时候现场现物比用数据说话的效果更好,原因在于现场现物形式新颖而特别,所以会令高级管理者们印象深刻。

在增强变革紧迫感环节,现场现物的方法主要应用于以下两种场景(或者说目的)。

场景一——问题已经产生:亲身体会能力不足给组织造成的损失。

场景二——问题尚未产生:亲身体会假设问题产生将带来的严重后果。

在不同领域,可采用的现场现物是不一样的,应基于希望构建什么样的紧迫感的目标来策略性地选择,示例如表 3-1。

表 3-1　不同领域可采用的现场现物

领域	现场现物类型
研发	混乱的产品版本、低质量的单板设计等
市场	低级的客户合同、天天乘坐飞机的机票等
采购	价格不同但功能相似又品种繁多的手套等

(续表)

领域	现场现物类型
财经	复杂的单据、繁杂的报表等
高管	拘留所参观预防腐败等

另外，还可以组织参观标杆企业，如参观标杆企业的制造、供应、生产等本公司也存在的业务，让组织成员亲眼看到与标杆企业能力的巨大差距。

现场现物的目的是让被改革对象接受心灵的洗礼，因此活动的举行同样需要进行特别的策划。

录像带

沟通中有一句话叫"文不如表，表不如图，图不如视频"。原因有两方面。

首先，信息接收效率不一样。观看视频时，人类的眼球每秒钟能接收大量的信息，而用其他方式时我们的眼球只会聚焦于某一个点。

其次，信息留存比例不一样。观看完视频，我们的脑海中会留存很多场景的信息，而通过其他方式例如文字，看完很可能很快就忘记了。

将组织中存在的问题或给组织带来的损失用视频的方式录制下来，然后在合适的场景下呈现出来引导大家思考与发酵，能够很好地起到触动人心的效果。

视频的录制不需要非常专业的设备，用手机即可，但是最好固定拍摄，要避免视频晃动影响观影效果。不建议花钱请人对视频进行专业的加工，花哨的剪辑和额外的成本有时候反而带来质疑。

视频的内容要和变革的主题强相关，例如：研发领域可录制卖不出去的产品、低质量的维护设计等，市场领域可录制愤怒的客户、客户眼中的我们等，生产领域可录制混乱的生产环境、堆积如山的物料等……

最终呈现到大家面前的视频时间不要太长，否则形成的冲击力就没么强烈了，视频放完后要马上引导大家展开讨论、发酵。

仪式感

在我们的生命中，每天都会有很多事情发生，但是即使我们已经几十岁了，给我们留下深刻印象的事件也并不多，因为大多数事件都是未经策划的普通经历。

回忆一下，我们还记得一周前和家人一起吃了什么菜吗？可能都忘光了吧，但是我们应该记得一年前和情侣的一次烛光晚餐吃了什么。信息在大脑中留存的关键并不在于发生时间的长短，更在于其特殊性。

为了让信息持续地触动人心或者说短时间内达到最大化的触动效果，我们需要策划一些关键时刻，通过有仪式感的活动，使其具备特殊意义，这样就能使受众受到更大更长久的震撼。

活动前一定要做好策划，包括时间、地点、与会人、活动程序等，活动不能被打扰。

活动最好简单而又新颖、紧张而又热烈、生动而又严肃,过程中不要有太多的环节,环节越多越难以聚焦。

活动后可以安排一些辅助性的聚会,甚至管理团队集体短时间度假,在这个过程中可以进一步引导发酵大家的变革紧迫感,也可能会对进一步的行动达成更好的共识。

案例（华为）：现场现物与仪式感相结合增强变革紧迫感

华为公司在启动重大的公司级变革时，都会举办有仪式感的活动，以提升大家的变革紧迫感。

1998年华为已经发展成为国内最大的通信设备制造商，在国内交换机市场占有的份额超过20%，接入网市场份额超过50%，但是当时的产品研发管理水平与其他厂商相比并无明显差异，远远落后于爱立信等国际大厂，产品开发周期要比国际友商慢一倍，虽然国内市场收入增长很快但毛利润却一直下滑，不少产品研发后也存在质量差、市场打不开等问题。

华为之所以选择IBM做顾问，是因为IBM不仅有理论，更重要的是有IPD的成功实践经验，另外华为和IBM的产品竞争性不是很强，但却有一定的互补性。虽然IPD的思想源于美国PRTM（柏亚天）公司于1986年提出的产品及周期优化法（Product And Cycle-time Excellence, PACE），但是IBM已经在实践中进行了优化，更强调跨部门协作和市场驱动等。

1999年4月，华为IPD变革动员大会正式召开，随后开始现状诊断，并于当年12月提交了《IPD第一阶段诊断报告》，报告中明确列出了华为在各方面与业界最佳水平的差距。看过任正非《学习IPD内涵，保证变革成功》讲话精要就会知道，任正非提出了"从客观和主观上华为公司都需要一场变革，主观上希望在技术上有所发展，成为一家优秀的公司，客观上中国要加入WTO，会面临更多的竞争"。

变革的启动并没有预想中顺利，甚至连一些高层研发主管也不那么认可 IPD 研发管理理念。为了加强自我批判，增强大家的变革紧迫感，公司在深圳体育馆组织了"研发体系发放呆死料、机票活动暨反思交流大会"，公司领导、研发体系全体在深人员和其他部门的干部共 6000 余人参加了大会，我当时也还在研发体系。

任正非等主要领导在大会上讲话时做了很多形象的比喻，讲到我们在不断地研发和向市场输送新产品，但如果产品质量不行，那么就不是在输送炮弹，而是在给自己埋地雷，客户对我们的信任也被炸掉了。研发若是后矛而不是后盾，那么对公司构成的威胁是致命的。研发需要在设计中构建技术、质量、成本和服务优势，但结果表明，我们没有很好地完成自己的使命。

为了给大家留下深刻印象，公司将过去因研发失误产生的直接成本达几千万元的呆死料等实物制作成奖品，在大会上发放给研发骨干们，这种"现场现物"与"仪式感"相结合触动灵魂的方式取得了很好的增强变革紧迫感的效果，IPD 变革在几个重量级 PDT（产品开发团队）的试点也深入推进，并于 2001 年 12 月在整个研发体系实现了 100% 推行。

"今天研发体系召开几千人大会，将这些年来由于工作不认真、BOM（物料清单）填写不清、测试不严格、盲目创新等造成的大量呆死料和'救火'机票作为特殊'奖品'发放给研发系统的几百名骨干，让他们终身牢记。这一场自我批判活动之所以搞得这么隆重,就是为了让大家刻骨铭记,要一代一代传下去,并为造就下一代的领导人进行一次很好的洗礼。"

(来源:《为什么要自我批判——在中研部将呆死料作为奖金、奖品发给研发骨干大会上的讲话》,华为公司,2000年)

案例(D公司):紧迫感不足是衰败的开始

D公司是一家全球知名的研发生产笔记本电脑等智能设备的厂商,很多年以前就已经在全球PC(个人计算机)市场占据着行业前列的位置。

如果我们在互联网上搜索一下,会看到,很多电脑厂商包括D公司在2006年左右就已经推出带指纹识别功能的笔记本电脑,号称为消费者提供国家级的安全待遇等,但是在很长的时间里,这些指纹识别功能都非常不好用。

我印象比较深刻的是,2018年华为公司为我们配发的笔记本电脑正好是D公司生产的,我当时想,这么多年过去了,手机上的指纹识别功能都已经实现秒开了,D公司笔记本电脑的指纹识别功能该有些改进了吧,可是结果却依然让我很无语。

首先是指纹识别区域的造型设计,依旧是窄窄的一个横条,和十几年前基本没有区别。其次是识别的方式和准确率,识别时需要用户将手指从上向下滑动,印象中通常是三四次有一次能够成功,有时候还会全部失败。

最后是苛刻的识别要求，只要手指有一丁点湿润，识别就不会成功。

持续尝试了一个星期左右，我彻底放弃了此便捷功能，还好个人的打字输密码速度比较快，不至于因此特别烦恼，但是确实深感失望。要知道对于消费者来讲，指纹识别基本上是开机必用功能，在如此长的时间内，且不说研发创新，至少要达到随便一个新兴手机公司都能达到的水平吧。

这里讲的指纹识别只是一个例子，这种不思进取的情况有很多。在没有对比时可能感受不深刻，但当新来者（如华为）刚推出笔记本电脑时，你就会发现，无论是集成开机和指纹认证功能、隐私保护摄像头还是兼容手机而又简便小巧的电源，随便一个创新都远超传统电脑巨头们十几年的积累。

这种现象只是存在于D公司吗？不是，还有不少其他行业巨头也是逐渐视客户声音如无物，严重缺乏业务以及变革上的紧迫感，殊不知这种不思进取的企业心态正是巨头们走向衰败的开始。

我们来看看汽车行业，相信开过车的人都对某个常用功能深有体会，那就是汽车导航，尽管手机导航已经非常便利，很多知名的汽车巨头依旧我行我素地采用着最原始的内置导航软件，需要软键盘输入，更离谱的是，在前几年，输入地址时居然还要手动输入街道，客户在他们心中的位置可见一斑。

结果大家也都看到了，等到有追求的新来者（包括华为的车机系统等）进入市场，全景天窗、全面屏、全语音控制、全自动辅助等，瞬间打败传统汽车厂商，消费者想到的功能都实现了，没想到的如座椅按摩等也都有了，而且性价比还很高。功能升级不是做不到只是传统巨头不愿意做，消费者当然要买新品牌。

可能是这些巨头发展得太顺利了，客户在他们心中就不再那么神圣了，殊不知这种温水煮青蛙才是最致命的，因为逐渐形成了这种文化后要重新做到"以客户为中心"需要经过"文化解冻－认知重构－文化再冻结"的复杂过程，可能没等他们转型过来，新入局者就已经牢牢地建立起了客户的品牌信任度。

正是因为某些传统的行业巨头不思进取，才给了新来者机会。从这点上看，华为确实值得我们学习，无论组织取得多少成绩，持续进行自我批判都是公司宣扬的重要企业文化内容，由此而产生的紧迫感让全体员工做到"无须扬鞭自奋蹄"，所以华为不管发布什么产品，目标都是极致的用户体验。

我和身边的朋友聊起类似的现象，他们的感觉和我一样，并表示早就将一些不争气的巨头品牌纳入个人再消费的黑名单了，不是不给机会，实在是恨铁不成钢。如果这些传统的行业巨头再不在企业内部增强业务和变革的紧迫感，恐怕不久的将来，会被时代彻底抛弃。

4

HUAWEI

第四章
发展变革同路人

当我明白"团结就是力量"这句话的政治内涵时,已过了不惑之年。想起蹉跎了的岁月,才觉得,怎么会这么幼稚可笑,一点都不明白开放、妥协、灰度呢?……我深刻地体会到,组织的力量、众人的力量,才是力大无穷的。人感知自己的渺小,行为才开始伟大……一个人不管如何努力,永远也赶不上时代的步伐,更何况知识爆炸的时代。只有组织起数十人、数百人、数千人一同奋斗,你站在这上面,才摸得到时代的脚。

(来源:《一江春水向东流——为轮值首席执行官鸣锣开道》,任正非,2011年)

同路人的字面意思就是一起前行的人，但是我们想说的含义不只如此，同路人应该有共同的目标、共同的意愿、一致的行动。

解放战争三大战役的成功，并不是因为武器精良，也不是因为兵力占优势，而是因为同路人多，广大的人民群众都被发动起来了，人民群众的支持与配合是战役取得成功的重要因素。

变革要成功，就要团结起更多的同路人，大家一起前行，有钱的出钱，有力的出力，还有领导站台，成功就是必然的。

变革的最终目标是将组织中的所有人发展成为我们的同路人，同路人越多，变革推进得就会越顺利。

戊戌变法的失败，根因在于推动变法的光绪皇帝和康有为、谭嗣同等核心成员未能团结起更多的同路人，尤其是未团结起能左右变革进程的慈禧太后。

实际上，很多变革的失败，并不是因为变革方案不好，而是因为未能获得领导或同盟军的支持，也未选择好合适的执行团队，导致变革在推进的过程中四面楚歌。

发展同路人的核心是团结好四类人群。

第一，变革的领导团队：共同推进变革；

第二，变革的执行团队：具体设计和实施变革；

第三，变革的同盟军：帮助营造变革氛围；

第四，变革的老师：找到最好的顾问指导。

构建领导团队

很多企业变革失败的原因在于公司对变革的支持不足，有的是态度方面的，例如以身作则、言语支持等，有的是行动方面的，例如给变革的资金、资源投入等。缺少强有力的领导团队的支持，变革想成功基本是不可能的。

如果深入理解管理理念，我们就会发现，组织的权力本质上既不在人，也不在岗位，而是在企业设计的业务流程中，只是流程将权力分配给了其中的某个角色，而角色是由承担相应岗位的人来具体承接的。

变革变的主要是流程（组织承接执行流程、IT提升流程执行效率），从某种程度上来说，变革就是组织的利益再分配过程。正因为如此，变革会触动很多人的实际利益。

实际上，通过变革可以实现从利益分配的一种旧平衡逐步走向利益分配的新平衡。这种平衡的循环发展过程，也是促进企业熵减、保持企业活力的有效方法。很多大企业就是因为没有新的有效能量的注入，才逐渐出现熵增而失去了活力，最终走向衰亡。

在任何一个企业中，利益重新分配都是大事。要推进利益的重新分配推动变革前行，必须为重要的变革构建一个强有力的变革领导团队。其作用至少包括以下三个方面。

第一，为企业的利益重新分配指明方向，使变革不再是纸上谈兵，而是重构未来作战模式。

第二，让大家看到组织对变革高度重视、不达目的不罢休的决心，驱动大家不要置身事外而是积极投入和支持。

第三，解决利益重新分配中的矛盾、冲突、补偿等问题。

在企业的变革中，变革的重要性越高，需要投入的资源也就越多、影响的范围也会越大，因而为其组建的变革领导团队的层级也应该越高，以有效推动变革。

在华为，任正非、轮值CEO对变革提供了强有力的高层支持，实际上华为的第一次大变革——IPD变革可以说是任正非亲自主导的，并产生了很多关于华为变革的名言，例如"削足适履""先僵化、后优化、再固化"等。

一个强有力的变革领导团队通常应具备以下几个特征：有权力；有影响力；有使命感；心态开放；行动积极。

在企业中，变革领导团队一般会以两种形式存在：一种是变革项目领导团队，另一种是公司变革指导委员会，下面我们分别进行介绍。

变革项目领导团队

变革项目领导团队具体领导某个变革项目，或领导由几个强相关变革项目组成的项目群。

变革项目领导组组长的人选是最关键的，组长的人选质量往往会决定或影响整个领导组的运作质量，组长应完全符合变革领导团队的五个特征，可基于变革的需要从整个公司范围内选拔。

变革项目领导团队的成员一般是变革相关的业务部门主管，

有时候也会视需要加入一些变革主管或专家。实际领导团队运作时会有多种方案，包括人员层级的选择和人员质量的选择，如果人数过多可能还会按"核心组+外围组"的方式设置。

正因为领导团队的主要成员通常是与变革相关的业务部门主管，所以往往会在小团队利益受到变革影响时止步不前。虽然经过了紧迫感的熏陶，但要让大家统一到支持变革上来，仍需要方法和策略。

首先，要树立管理团队的自我批判意识，例如让每个主管找自己的问题，而不是他人的问题，否则变革在推进过程中往往会进入对抗的状态。可以借助策略性的自我批判、投票评审等手段，驱动大家建立自我批判意识。

其次，要降低大家的本位主义意识，作为管理团队的一员，大家应站在整个公司或整个组织的角度，以全局利益为重，而不是以小团体利益为重。只有降低了本位主义意识，才会真诚地接受他人的建议。

再次，要鼓励坦诚对话，鼓励所有成员随时提出对如何推动变革的建设性意见，只要是对组织有利的建议都应受到支持，无论是对自己部门还是对其他部门的意见或建议，都不应用于"清算和追责"。

最后，要建立大家的使命感和责任感，公司要长远可持续地发展，就必须构建起高效的管理体系，这是公司的长期生存之本。每个成员都是因为肩负着这种使命与责任才被选进管理团队的，如果没有意愿可以选择退出。

领导组组长的作用至关重要，除了以身作则，还要在变革推进过程中有效地引导领导组的运作，带领整个团队发挥作用，可以在领导组成立后的第一次会议中就将上述几条加入领导组议事规则中予以固化。

变革项目领导团队通常对变革项目的成功起着决定性的作用，并对变革是否能取得成功负有直接责任，其职责通常包括以下几个方面。对变革项目成败承担直接责任；指导变革项目方向；为变革项目协调资源；对变革方案进行把关；协助解决变革项目升级的问题。

在华为，基本上任何一个公司级或公司级以上变革项目的领导组组长都会由公司副总裁及以上层级的领导担任，有时候还会设置一些与变革相关的其他高层担任领导组副组长，以此合力为变革提供强有力的领导支持。具体到领域级变革项目，基于变革重要性的不同，领导组组长会有差异化的选择和设置。

变革指导委员会

当公司中存在多个变革项目或变革项目群时，往往会成立变革指导委员会，为公司的变革工作提供持续的体系化的支持、指导等。

在华为，变革指导委员会最开始简称为ESC（Enterprise BT&IT Steering Committee），后来改名为RSC（Requirements Steering Committee），主要原因是任正非希望强调变革应以客户为中心，变革目标应对准客户需求。

变革构建的是公司的未来，变革指导委员会应定位于公司级的委员会，一般由公司CEO或公司指定的高管担任委员会主任，其成员一般由各体系总裁担任，考虑到会议效率和质量要求也可能只由其中的部分代表担任。

公司的业务规模不同，变革指导委员会的运作方式切忌盲目拷贝。例如规模比较大的公司可能还会成立下级变革指导委员会，华为就存在各个层级的变革指导委员会，不同的层级名称会稍有不同，但是都有正式的运作机制与规则要求。

华为变革指导委员会是以月度或季度例会的方式运作的，因而在其下会设公司变革项目管理办公室（以下简称 PO 或 PMO）来支撑并日常负责华为变革领域的业务管理。作为华为变革体系中非常重要的一环，公司变革项目管理办公室在成立时就被赋予了很高的定位。

郭平是华为的第一任公司变革项目管理办公室主任，也是当时公司主要的高层管理者之一，后来成为公司轮值董事长，他当时也是采购、流程 IT 等业务部门的总裁。在郭平之后，研发体系副总裁李晓涛、公司高级副总裁胡彦平、公司副总裁邢宪杰等也担任过公司变革项目管理办公室主任。

很多公司从"运作效率"的角度考虑，对变革决策的重视程度远低于业务决策，在企业管理流程等批准程序中习惯使用非正式的决策机制。即使有重要的变革相关议题需要讨论，也只是 CEO 临时拉几个人开个小会就定下来了，不得不说这种方式非常不适用于变革。

变革决策和业务决策的不同之处在于，业务决策大多数时候影响的可能只是一时，而变革决策影响的可能是企业的一世，因为一项大型变革往往会重构整个组织的未来业务运作模式和作战模式等。

实际上，对于影响长远的决策，无论是业务（例如公司发展战略）还是变革，稍有规模的公司都应为其设置符合层级要求的决策委员会，并明确其运作机制。如果没有这样的组织存在，将会带来很多问题。

第一，需要决策时找不到决策组织。找不到决策组织会造成什么问题呢？首先就是主管间只能不停地在线下争论，争论的结果就是效率低下，并影响团队氛围。其次就是对于对公司影响长远的方案，很可能在不合适的层级范围内就形成了结论，而很多时候结论可能是片面的、不科学的、短视的。

第二，变革意图不能成为组织共识。变革最重要的是变人，如果核心团队中的大多数人都没有参与讨论的机会，变革就只是少数人的游戏。变革决策的过程本就是一个很好的通过讨论达成共识的过程，且不说形成的结论会更完善，至少会让大家理解组织的变革意图，从而使变革推进更顺利。

第三，只有公司老板关心变革。在这种随意、无序的运作机制下，所有人（包括高级主管）在管理变革与改进工作中都只是"打酱油"的角色，领导召唤时就参加一下，认为当次临时会议应付过去就行了，都认为长期的管理进步和自己没关系。

一些短期看起来高效的办法长期看来其实非常低效，通俗来说就是不舍得花时间一次把事情做正确，却浪费大量时间在一错再错、一做再做上。

一个公司级的变革指导委员会应持续对公司整体的管理体系有效性承担直接责任，其职责通常包括以下几个方面：对公司整体的管理体系有效性承担责任；指导公司变革方向；批准公司变革战略规划；进行关键的里程碑决策；对重大争议进行裁决。

组建执行团队

变革领导团队是变革推进的保障，变革执行团队是变革推进的基础，变革的具体工作是由变革执行团队完成的。变革要有效推进必须组建一个优秀的执行团队。

正如研发的质量不是评审出来的而是设计出来的，变革执行团队的工作对变革的成败影响重大，其作用甚至不亚于变革领导团队。

大的变革会触动公司的方方面面，一不小心可能就把变革葬送了。可怕的是，一旦第一次变革失败，大家的信心会被严重打击，同一个变革重启可能会需要很长的时间。

有一个企业的创始人朋友咨询我，他们也想开展公司的变革，但是找不到能全职投入的人来当项目经理，问我他们是否能让人兼职担任变革项目经理，我给他的建议是视乎变革的重要性。如果对他们公司来说是一个重要的变革，别说一个全职经理，需要投入的可能是很多全职人员，如果项目经理都找不到，那就建议不要开展变革了，否则会打击公司变革的品牌。

一个好的变革核心团队应具备以下几个特征：强的使命感与责任感；强的变革领导力；丰富的业务实践经验；能与业务有效连接；一定的变革经验。

变革项目组的组成

变革项目组一般由项目经理、核心组成员、外围组成员组成，在变革项目组之上一般还会有项目领导团队，为项目把握方向，如图4–1。

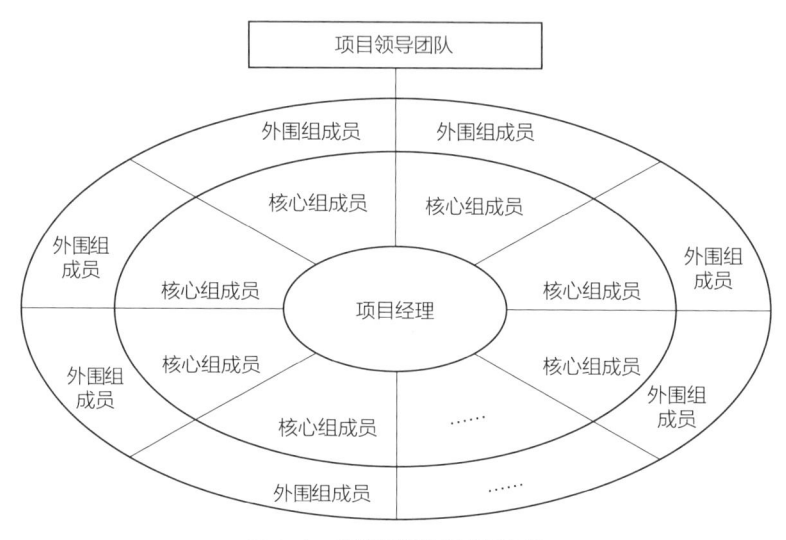

图 4–1 变革项目组组成示意图

在华为，公司中不同的变革项目组，根据其重要性不同，又可以划分成两种形式：**重量级运作和轻量级运作**。重量级运作方式下核心组成员以专职为主，是变革相关部门的派驻代表。外围组成员视工作需要有的专职有的兼职。轻量级运作方式下核心组成员以兼职参与为主，也是变革相关部门的派驻代表。外围组成员一般为兼职。

对公司级或更高级别的重要变革，一般采用重量级运作方式;对领域级变革项目,会视情况采用重量级或轻量级运作方式;对小的优化类变革项目,一般采用轻量级运作方式。

因变革项目经理的选拔异常重要,我们在后面设专题讲述。现在先来了解一下变革项目组成员的选拔,对他们的条件要求会比项目经理低,而且我们主要会关注核心组成员的选拔,对于外围组成员采用通用的专业、工作年限、绩效等标准即可。

变革项目组的核心组成员包括三种类型:第一,业务部门代表,如研发、销售、交付等与变革相关的业务部门的代表;第二,变革专家,如流程专家、IT专家、变革管理专家等;第三,其他:如HR(人力资源)、QA等。

其中,相关业务部门代表的选拔是相对复杂的工作,因为其他角色如变革专家、QA等在公司通常会有对应的专业组织。

对于相关业务部门代表,常用的选拔条件如下:第一,须具备成功的业务实践经验,一般需两年以上;第二,须在所代表部门有较强的影响力,能够影响主管;第三,须具备开放、妥协、灰度精神;第四,须具备良好的人际连接力;第五,应能确保时间投入(视乎项目工作需要)。

在这些条件的基础上,还会对核心组成员的选拔设置一些排他性的要求[①],例如年度绩效原则上要在良好或以上等级,如果达不到门槛要求,是不能加入变革项目组的。

---

① 排他性的要求此处指一个核心组成员必须具备的硬性条件,在这些排他性条件中,有一项不达标也不入选。——编者注

第四章 发展变革同路人

变革项目经理的选拔

无论何种变革，不合格的变革项目经理一定会直接导致变革失败，对变革项目经理的遴选要高度重视，要从优秀人选的资源池中选拔最优秀的人。

另外，变革项目经理的遴选务必采用选拔制而不是推荐制，推荐制一般会选出部门的沉淀人员。在企业中我们依赖的应是规则，而不是道德，历史经验也充分证明不可能所有的主管都是大公无私的。

在企业中，变革项目经理的选拔标准通常可以采用"2+1"方式，这里面的"2"代表成功业务经验及领导变革能力，"1"代表排他性条件。

成功业务经验指变革可能覆盖的相关领域的业务成功实践经验，包括主要业务经验、周边业务经验、业界业务经验三项。

主要业务经验指最主要的变革领域的业务成功实践经验，最好也包括对应的业务管理经验，原则上应具备五年以上主要业务管理经验。

周边业务经验指变革可能需要集成打通的相关领域的业务经验，主要考虑的是变革与其他领域的集成需要。

业界业务经验是加分项，因为有了业界业务经验就不再是闭门造车，可以设计出更有竞争力的变革方案。

如果公司是全球化公司，那还应包括海外业务经验，以设计出更具全球视野的变革方案。

领导变革能力指领导变革团队有效开展工作的能力，包括管理领导能力、管理团队能力、管理变革能力、人际连接能力等。

在变革中，变革项目经理的很重要的一份责任是向上连接并施加有效的影响，因此应具备向上的管理领导能力。

管理团队能力指曾经成功管理过一定规模的团队，这里的规模既有人数的含义也有层级的含义。

管理变革能力包括较好的个人变革领导力以及对企业已有的变革流程的熟悉程度。

变革最重要的是变人心，会存在大量的项目组内外的沟通、教育、说服工作，强的人际连接能力应成为优秀变革项目经理的必选项。

排他性条件包括全局观、使命感、奉献精神、品德和绩效等。例如下面这些假设事项都是变革中会经常遇到的，应从一开始就将这样的人选排除在变革项目经理的候选资源池之外。

> 一个不具备全局观的项目经理会主导设计出无法集成打通的企业管理体系。
> 一个不具备使命感的项目经理会轻易屈服于各主管的压力而设计出治标不治本的妥协的变革方案。
> 一个不具备奉献精神的项目经理会因为变革的一点挫折和委屈就灰心丧气。

如果无法找到完全符合标准的候选人，至少也应做到大部分符合，据此选拔出的变革项目经理，可以极大地提升变革的成功概率。实际上，变革项目经理选拔是变革中最重要的工作之一。

变革项目经理的角色认知

大多数变革项目经理都是从成功的业务领导岗位选拔出来的,在带领业务团队时可能都是一把好手,但是转型做变革时却不一定成功,其中一个重要的原因在于大多数业务线上的成功者会习惯于按照过去个人的心得感受、思维方式或成功经验来开展变革工作,其失败的可能性非常大。

变革与业务相比是一个既有相同点也有很多不同点的工作。相同点例如:领导业务和领导变革都要做好团队领导者的角色,需要能有效地团结下属。不同点例如:变革时需要特别重视氛围营造工作,因为变革的过程也是转换人心的过程,而做业务不需要营造氛围,主要达成工作目标就行了。

为了让新上岗的变革项目经理快速实现角色转换,也便于后续为其进行持续的系统性赋能,我们访谈了很多在华为有过成功变革经验的公司级或更高级别的变革项目经理,结合公司变革体系对变革项目经理的岗位责任要求等,经过系统性地总结分析,为变革项目经理建立了 Stars 角色认知模型,如图 4-2。

图 4-2 变革项目经理 Stars 角色认知模型

因为 Stars 是英文单词"恒星"的复数，所以我们对此有一个有趣的说法，那就是"变革项目经理构建的是公司的未来，带领公司走向星辰大海"。

要做好一个优秀的变革项目经理是很有挑战性的，必须在变革推进的过程中扮演好以下五种角色：

S（Strategy）：变革策略的制定者。基于科学的变革方法，制定有效的变革策略，包括目标范围、试点策略、推行策略等，使变革稳妥有序推进。

T（Team）：变革项目团队的领导者。发展与建设变革队伍，对团队成员进行管理、辅导、考核、激励等，为实现变革目标带领团队不懈努力。

A（Atmosphere）：变革氛围的营造者。组织开展宣传、沟通、教育、赞助人/利益关系人管理等工作，为变革推进营造良好的变革氛围。

R（Result）：变革结果的责任人。追求变革的完全成功，为公司的核心竞争力提升发挥应有的重要作用，对变革的成败承担完全的直接责任。

S（Solution）：变革方案的负责人。带领变革项目组，设计输出并落地高质量的变革方案，包括流程方案、组织方案、IT方案等。

变革项目组的形态

一个变革项目一般包括方案组、推行组、PMO。大的变革项目可能还会设置总体组（负责总体设计）和独立的变革管理组（统筹推动人的转变），实际运作时还会有多种变化形式，如图 4-3。

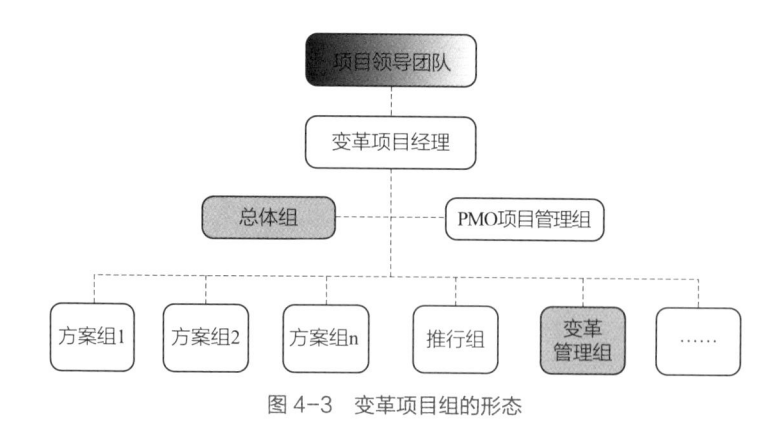

图 4-3 变革项目组的形态

基于变革项目的类型、变革团队成员的层级、项目的复杂度等因素的不同，变革项目的运作方式、运作频率甚至运作地点等都可能会有不同，要以变革如何能够更好地达成目标为出发点来安排。

例如：如果项目组核心成员是由中高层管理者组成的，一般采用双周或月度例会的形式。如果项目组核心成员是由业务专家/骨干组成的，一般采用周例会紧密互动的形式，有的时候变革甚至会主要在一线而不是机关开展。

发展同盟军

我们都知道，直接推销商品的效果不一定好，因为每个人都会有一种天然的防备心理和自我保护意识。为了达到销售的目的，商家有时会采用一些辅助的手段来营造销售氛围。

变革本质上也是卖东西，把期望的变革愿景和变革方案"卖"给客户，只是客户是内部同僚，因此我们除了直接"推销"，还可以策略性地发展一些同盟军，毕竟他们看起来是与变革成绩没有直接关系的人，可以更好地突破被变革对象抵触的心理防线。

简单来说，同盟军的作用就是把"变革主导者"和"被变革者"之间的"直接对抗"变成"协同教育"，例如在重要的管理团队会议、关键的变革专题讨论中，一旦双方发生争议僵持不下，同盟军的一句话往往会发挥扭转性的作用。

为了更好地发展同盟军，变革主导者要善于和同盟军分享成功的收益，可以肯定他们在变革中的贡献。实际上，只要变革成功了，我们就能取得自己想要的成绩，又何必吝啬于肯定同盟军的贡献呢。在这样的心态加持下，就会有更多的同盟军愿意积极支持我们。

在企业中，职能部门主要负责能力建设和资源支持，一线组织面对客户负责作战，相应地，变革同盟军主要包括两种：职能部门同盟军和一线同盟军。这两种同盟军各有其优势，职能部门更了解全局且更能发挥"熟人"的作用，而一线负责作战并代表客户，往往能让决策团队更重视其意见。

在任何一个群体中，可能都会有一些事实上的"意见领袖"，其个人影响力不是组织权力带来的，企业中也会有一些意见领袖。如果能让意见领袖成为我们的同盟军，那么对变革推进也会有很大的帮助。

职能部门同盟军

职能部门每个主管都是某一个流程或者某一段流程的 Owner（所有者），在所负责的流程范围内有一定的责任和权力。例如营销总裁负责从线索到回款销售流程，投标主管负责销售流程下的投标管理流程。

变革会改变这些流程，进行流程责任和权力的再分配，也就会触动相关主管的利益，也有可能会影响主管所代表的群体的利益，例如投标主管代表所有投标人员的利益。

因为利益得失不一样，同时主管们的格局也各不相同，所以变革方向一开始不可能获得所有人的支持。我们要策略性地优先发展一些职能部门主管成为同盟军，借助这些同盟军更好地影响其他主管。

我们如果稍微用心观察就会发现，职能部门的主管们都不会希望自己在变革的过程中被边缘化，因为那样的话不仅心理上会有失落感，更会影响到其负责的流程的利益分配。

利益受损不一定就不能成为同盟军，受益也不一定就能成为同盟军，能否发展同盟军依赖于相应主管是否能站在公司整体利益的高度、变革主导者的人际连接力、主管间的职场竞争关系等因素。

不了解是误解的根源，通过恰当的有针对性的沟通建立信任关系和情感连接是发展同盟军的法宝，变革主导者一定要积极主动与主管们沟通，目标是让同盟的主管更团结，让反对的主管减少反对。

作为变革的主导者，不要和变革的参与者争抢变革的成绩。适时地在更高层领导面前或者重要会议场合表扬、感谢支持变革工作的职能部门主管是一个不错的实践，会对同盟军的进一步支持发挥很好的心理促进作用。

一线同盟军

变革最终落地的执行者主要是一线人员，变革中最容易强烈反弹的也是一线人员，因为他们有限的资源在用于完成工作任务的同时还要接受新的工作方式，一个形象的比喻就是要在汽车疾驰的状态下换轮胎，还要保证车速不下降甚至有所提升（指经营结果）。

一方面，一线主管以中基层管理者居多，短期经营结果往往直接决定其升迁或降职。另一方面，变革投入在当期，而取得落地效果需要一个相对长的时间周期，"摘果子"的时候主管往往已经调职。

当期投入和长期收获间这种难以调和的矛盾导致的结果往往就是前人种树、后人乘凉，因此大多数一线主管在一开始时对变革是排斥的，除非是有格局有长远职业抱负的一线主管。

从必要性上看，一线的同盟军又不得不发展，因为他们的声音代表了最终用户的声音，如果我们不提前做铺垫，那么决策者们就难以听到正面积极的反馈，一线的同僚主管也会因未看到榜样的力量而止步不前，变革的推进也就异常困难。

理解了以上内容，我们也就知道了如何去发展一线的同盟军，其中需要考虑的几个主要因素是：任期开始不久；有格局有抱负；业务有代表性；在同级主管中有一定的影响力。

同盟军五因子

如果不考虑主管的格局、关系等相对独特的因素，是否有其他方法帮助我们更好地发展同盟军？答案是"有的"。

大多数人都是利益驱动型的，有时候为自己，有时候为群体，我们可以通过以下"同盟军五因子"分析主管/岗位变革的综合得失：岗位、责任、权力、待遇、工作复杂性。

假如变革可能导致其岗位都没有了，那对方很难支持变革。假如岗位不变但责任增加，基层可能会反对，高层可能会支持。权力和待遇的提升是所有人都欢迎的事情。工作复杂性的增加是所有人都反对的事情。

我们可以将目标人群分类分级，开展以上同盟军五因子分析，在变革中明显受益的或可能受益的成为同盟军的可能性肯定最大，明显受损的很难一开始就将其发展成同盟军。

选好顾问

管理进步最好的办法是站在巨人的肩膀上。

很多企业在变革时可能都会寻求顾问的帮助,这是一个好办法,但是如果顾问选择不当,最后会给企业带来负面的影响。

那么,对企业来说,怎样才能选好顾问呢?

首先,我们要确定企业要学习的标杆是谁,企业的不同业务领域可以有不同的学习对象,不需要都是同一个公司。有了学习目标,再寻找顾问就会容易得多,有很多渠道可以获取到顾问的信息。

其次,要确定想让顾问在我们的变革中扮演什么样的角色,是指导理念和框架设计(具体的交付由顾问带着我们做即可),还是希望顾问带着团队帮助我们端到端交付。不同的定位决定了不同的顾问选择。

如果只是指导理念和框架设计,那顾问的层级越高越好,毕竟变革构建的是未来,越高级的顾问视野越开阔,思考的全面性越强,而且人数不需要太多,有时候一个有能力的顾问就可以把控好。

如果是端到端交付,就需要一个顾问团队了,可能是资深顾问带着顾问小组,和公司自有的变革团队一起协同交付,这样成本肯定会高一些。

要注意的是,无论是哪种形式,首席顾问基本决定了整个顾问团队的咨询质量，选对了首席顾问，事情就成功了一大半。

不是说曾经在标杆公司工作过就能成为一个好的顾问，要知道在一个大规模的公司里，其实大多数人都是螺丝钉，无论是产品经理，还是销售经理，大多都只是执行者，熟悉实操流程，但并不知道流程设计的目的，也就是说只知其然不知其所以然。

那什么是好的顾问呢？至少需要具备以下几个条件。

第一，在标杆公司工作过多年，最少应该是5年，而且越长越好。想想我们真正了解自己的公司需要多长时间，就会明白这个条件的必要性了，两三年工作经验只可能达到管中窥豹的水平。

第二，在标杆公司承担过重要岗位，说明其在标杆公司具备成功业务经验，应该有可取之处。如果在标杆公司工作5年甚至10年以上还没有承担过重要岗位，说明思考的高度或协作的能力可能存在一些弱点。

第三，最好参与过相应的变革并在变革中承担重要职责，因为这样的人本身在标杆公司的相应变革中就已经是设计者和主导者了，知道变革的背景、过程、方案形成的原因、高层是如何做出选择的、如何才能让变革成功等等，也就是说既知其然也知其所以然。

在具备前面三个条件的基础上，曾经有过成功的顾问工作经验是加分项。

最后要注意的一点是，无论什么情况下，都不能把所有的压力放在顾问一人身上，顾问是我们的老师，学生能不能学好并不只是老师的责任。

在和顾问合作的过程中，尤其要避免的是抱有甲方思维，对顾问的态度简单粗暴，毕竟咨询是纯脑力劳动，心情愉悦会更有利于输出。

我们要做好顾问的学生、伙伴、朋友，和顾问一起紧密互动，尊重顾问而不迷信顾问，和顾问一起交付一个高质量的变革项目。

第四章　发展变革同路人

案例（华为）：高层推进变革也需要同路人

在一个较大规模的企业中，大型变革的推进是一项极其复杂的工作，不是靠个人就能完成的，即使这个人是企业高层管理者，这里讲讲华为2007年同期启动的两大变革——IFS与CRM的故事。

第一个是华为的IFS变革，按照很多人的通俗理解，既然是财经的变革，那应该由华为的财经总裁或首席财务官主导就可以，但是实际上并非如此。

任正非说，财经变革是华为公司的变革，不仅仅是财务系统的变革，华为公司每一个高层管理团队都要介入财经变革。哪个业务部门认为不需要支持就能完成变革，那就可以理解成不需要费用就能创造利润。

如果深入理解这句话，那就是要推进IFS变革，将IFS落地，财经总裁需要去团结各个领域的体系总裁。实际上，IFS就是将财经的很多工作如概算、预算、核算、决算等集成到研发、销售项目等主业务流程中，没有相关领域的支持，是不可能做到的。

最后形成的IFS变革主导者队伍是怎样的呢？IBM顾问大概有60人（高峰时有100人），华为项目组有300多人，但其中很多是来自销售与服务领域的管理者或者业务专家，并非财经人员。项目指导委员会主任是郭平（曾为华为轮值董事长，2022年4月转为华为监事会主席），成员是当时的首席财务官梁华（后来由孟晚舟接任），还有一些其他体系的负责人。

IFS变革持续了多年的时间，基本上到2013年才算结束，在华为也是一个很成功的变革，尤其是很好地改进了DSO（Days Sales Outstanding，应收账款周转天数）和ITO（Inventory Turn Over，库存周转率），并极大地改善了华为的财务数据准确性、财报及时性等，有效赋能了包括主业务在内的运营。

第二个是关于华为的CRM变革，主要涉及营销、销售、服务等业务，变革领域主要是当时的销售与服务体系，它也是华为继研发IPD变革之后的第二个主业务流的变革。

在变革启动前，时任华为销售与服务体系总裁胡厚崑做的第一件事是什么呢？是邀请当时的其他各个体系的总裁包括徐直军、郭平、费敏、洪天峰等一起开了个座谈会，听取大家对销售与服务领域拟启动CRM变革的意见与建议，这件事给我留下了深刻印象。

这次会议取得了很好的效果，大家结合本领域已经完成的IPD、ISC等大型变革开展过程中的经验教训为CRM变革提出了很多很好的建议，这是会议的直接成果。但是我想讲的并不是这个，而是深层次的多种效果。

首先，相关各大体系总裁都参与了CRM变革要正式启动的座谈会，并已经发表了自己的意见和建议，这样后续就难以反对CRM变革的启动了。

其次，如果后续CRM变革要在公司获得各种政策上的支持如变革资源、激励资源等，各体系总裁从情感上也只好支持，因为CRM变革是大家一起孕育出来的。

实际上，广泛地开展与同级主管乃至上级主管的各类沟通，让他们即使与变革无关也能因为参与感受到被尊重，而不是被忽视，会极大地提升其对变革的支持，而且它是一种成本相对低，效果又比较好的变革策略。

在我负责CRM变革以及公司变革项目管理办公室期间，只要没事我就会主动去找各总裁或者高级主管聊天，听取他们对变革的意见或建议，很多时候并没有具体的议程。结果证明，这种因"感受到参与和被信任"而形成的情感连接会很好地提升他们对我们要推进的各项变革举措的支持。

案例（L公司）：同路人缺乏导致变革失败

L公司是一个产品研发和制造公司，由于较好地抓住了家庭路由器需求兴起时的市场，赚到了第一桶金，公司产品也逐渐扩展到企业交换机、摄像头等领域，人员规模逐渐扩大到了近三千人。

在发展的过程中，公司VP（副总裁）/研发总裁（后称研发VP）从与某个顾问的交流中了解到了华为IPD变革的成功故事，并被IPD变革的理念深深打动，决意也要在公司内做IPD变革，并向公司总裁申请了一些顾问费。

项目很快开始启动。由于是研发VP直接推动，而且非常重视，所以研发领域的变革人员投入很快就筹备齐全，并直接抽调了两名大的产品经理来具体负责变革的落地，顾问也开始投入项目组。

可是，其他与IPD变革相关功能领域的人员抽调就没那么容易了，研发总裁花了很大力气，各领域考虑到合作关系才勉强同意投入一些人员来支持IPD变革，但实际上多为兼职，研发VP也没太在意，认为后续可以逐步解决。

项目开始正式推进，推进的过程中发现顾问本身并不具备端到端的IPD变革实施和领导能力，其以前最高岗位也就是产品开发团队中的开发代表，对供应、采购、制造、市场、服务等功能领域都不太了解，而相关功能领域又投入不足，导致方案适配的过程中困难重重，产品经理只得加班加点高度紧张，希望弥补功能领域的投入不足对方案设计的影响。

另一方面，两名产品经理之前负责的产品先后在市场上出了一些问题，但两名继任者领导力和周边的影响力尚不足，都未能快速地带领团队解决客户的问题，求助到产品经理时被拒绝，因为他们已在变革中忙得不可开交，变革工作因进展不力已经被研发VP批评了好几次了。

市场问题迟迟未得到解决，带来了一个不好的结果，那就是季度销售目标未能达成，进而直接影响了市场体系的绩效。销售VP很生气，和研发VP商量希望产品经理能够回去协助救火，但研发VP认为可以先让产品经理的继任者们继续锻炼锻炼，说不定很快就能成长起来了。

变革项目继续在磕磕绊绊中前进，后来又发生了一个关键事件。从公司购买企业交换机产品的某个大客户因对产品质量不满意投诉到了销售VP那里，威胁说如果再不改进就不再从L公司采购相关产品了。销售VP这下慌了，下季度的收入目标可能又无法达成了，气冲冲地跑去找研发VP，因气氛不对双方的沟通不欢而散。

这下销售VP不再沉默了，因其日常工作中本就和公司的采购&供应VP、服务VP关系很好，就鼓动了相关VP和他一起去找了公司总裁，几个VP将IPD变革存在和不存在的问题都向总裁进行了投诉，并和总裁说IPD变革也就是在华为等少数公司成功了，对于他们这样的公司根本没有推进的必要，费钱费力还不一定有成效，再这样下去，市场就没法做了。

总裁原本是对IPD变革持观望态度的，并没有足够的信心去开展IPD变革，只是看研发VP这么有热情，才让他先试试看，现在对市场产生了这么大的影响肯定是不行的。第二天，在总裁、销售VP、采购&供应VP、服务VP等的集体压力下，IPD变革无奈终止了。

启　示

变革并不是一个普通的研发或交付项目，不会自然地获得相关领域的支持。L公司的IPD变革失败并不是因为IPD变革不好，而是因为变革的主导者和核心团队都不具备变革的领导力，在发展同路人不足的情况下，贸然推进，最后取得不好的结果是很自然的事。

5

HUAWEI

第五章
共启变革愿景与目标

建立共同愿景是团队建设的核心要素。要通过确立公司愿景，明确目标和追求，用共同愿景来凝聚员工并激发员工持续艰苦奋斗的原动力。

金钱固然重要，但也要相信人内心深处有比金钱更高的目标与追求，尤其是当人们不再一贫如洗的时候，愿景、使命感、成就感才能更好地激发人。如果我们相信员工有精神追求，员工也会被我们的信念所鼓舞。

（来源:《团结一切可以团结的力量——常务董事会成员民主生活会纪要》，华为公司，2013年）

什么是愿景？愿景是我们要成为什么，描述企业努力经营想要实现的长期图景，是对未来的一种憧憬和期望。

什么是目标？目标是我们要做到怎样，也就是要给梦想的实现加上一个日期和数字，以指导前进的方向。

很多企业在开展变革时，都会忽略愿景与目标的构建工作，但是他们不知道变革中有一个"先慢等于后快"定律，也就是说如果一开始多花点时间想清楚变革的方向，后续的变革推进会容易而快速得多。

大家如果留意就会发现，自己企业中的变革往往只是说了要做什么，例如要做组织变革、要做业务重整、要做人才转型，但是既没有表述这些变革完成后公司要成为什么，也没有承诺要做到怎样。

一个朋友是这样形容的："他们公司的变革没有不成功的，虽然实际上往往只留下了一地鸡毛。变革的负责人说它是成功的就是成功的，反正都是大佬负责又没有验收的标准。"

一个变革要在真正意义上成功，必须要建立清晰的愿景和目标，进而起到三个方面的作用。

第一，以此激励、鼓舞、团结变革团队和公司全体人员，让大家对组织的未来充满憧憬，也充满信心，并投身到支持变革的洪流中。

第二，以此作为变革设计的重要输入，实际上变革方案很大程度上应源于对变革愿景与目标的解码与承载。

第三，以此作为变革成败的验收标准，变革是否成功不是自己说了算，而是要以愿景与目标的达成程度来衡量。

建立变革愿景

有了紧迫感，大家只是认可了需要通过变革采取行动，但是并不知道要走向怎样的未来，愿景就是通过构建适度、清晰的图景以激发员工的内在潜能，帮助大家明白前进的方向。

正式建立变革愿景前我们需要回答好几个问题：我们对组织相对长期的期望是什么？我们希望构建一个怎样的管理体系？这个管理体系会给组织带来哪些宏观的收益？它是可能实现的吗？

在有了比较清晰的答案后，我们就可以着手建立变革的愿景。

一个好的愿景应具备以下几个特征：宏伟、清晰、可实现、独特。

愿景要"宏伟"才能振奋人心，应体现出一定的英雄主义，超越人们想象的"常态"而富有传奇色彩。表达愿景的语言应振奋、热烈、能感染人，使大家不断追求自我超越，成就工作甚至人生的意义。例如华为的"三分天下有其一"。

愿景应清晰，表述明确、易记，不能是复杂的表述，最好能够让大家心目中建立一种清晰、生动的图景，起到激励和鼓舞士气的作用。例如福特汽车的"让汽车大众化"，微软的"让每个家庭的桌上都有一台电脑"。

愿景应该是可实现的，而这一点也应被组织成员相信，而不是让大家觉得虚张声势、好大喜功、扯大旗做虎皮。随着变革的推进，愿景也是可以修订的。愿景的"宏伟"与"可实现"之间有一定的冲突，须掌握好两者的平衡。

愿景应该具有独特性，是独一无二的，应与企业的业务特征或组织的业务属性紧密相关。事实上，大多数成功的企业都只做了一件独特的事情，并把这件事情做得非常出色。

以华为 IFS 变革为例，它的愿景是：构建国际化财经管理体系，促进公司可持续可盈利增长。这个愿景就比较好地符合了宏伟、清晰、可实现、独特四个特征。

> 我们要通过这次业务流程重整，将一大批优秀的管理干部从日常烦恼中解脱出来，走向真正的科学管理，管理干部应该做一些非常重要但不很紧急的事，为明天做好疏导，但流程不畅使我们的许多干部整天忙于琐碎的事。
>
> （来源：《不要叶公好龙》，任正非，1996年）

> 大家可去参观一下接入网部墙上的一句口号："要把接入网做成世界领先级产品。革命尚未成功，同志仍须努力。"我第一次见到，很感动。
>
> （来源：《创松二次创业的土壤》，任正非，1998年）

明确变革目标

在建立了变革愿景后,我们需要对它进行"具化",这就是变革目标。目标要对愿景形成有力的承接。

变革目标一方面用于传播、教育被变革对象,并作为变革方案设计的重要输入,另一方面也为衡量变革成败建立了标准。

在华为时,我们听到最多的就是"变革的目标就是多产粮食(销售收入、利润、优质交付、提升效率……)以及增加土地肥力(战略贡献、客户满意、有效管理风险)",很形象地阐述了变革的目的,不能对这两个目的做出直接或间接贡献的变革、流程都会被逐步关闭。

怎样制定出一个好的变革目标呢?

首先,它应该符合目标通用的Smart原则:S(Specific)——明确的;M(Measurable)——可衡量的;A(Attainable)——可达成的;R(Relevant)——有相关性的;T(Time-based)——有时限的。

其次,好的变革目标要符合一些相对独特的要求,包括:分层、有感染力、简明易记。

就"分层"而言,第一层变革目标是形象化的,描绘的是一种将变革愿景展开后的相对具化的图景。第二层变革目标是量化的,是对第一层目标的Smart陈述,包括宏观的变革节奏、变革成败的具体衡量标准。

"有感染力"是指：它也能在受众心目中呈现出一幅有吸引力的画面，让变革团队和被变革者产生情感上的共鸣，达到感染、鼓舞大家共同追求变革目标达成的目的。

"简明易记"是指：变革的过程就是说服教育的过程，简明易记的变革目标才便于使用和传播，而且越简单越有冲击力越好。为了达到这个目的，有时候可能会使用一些排比句。

很多公司在开展变革时会有意无意地回避变革目标的问题，有些可能是因为高管自己心里没底，有些可能是因为被错误地引导，给出的理由包括："管理类似中药，主要强身健体""管理收益不好衡量，有些是无形收益"等等，殊不知，没有度量就无法管理，这一条对变革尤其适用。

在华为，无论是有形的还是无形的变革目标都必须量化。以IFS变革为例，第一层变革目标是"加速现金流入，准确确认收入，项目损益可见，经营风险可控"；第二层目标会再对其中的各项进行具体的解码和KPI（关键绩效指标）化，解码方法可以基于平衡计分卡，也可以基于其他的KPI解码工具。

如果还没有找到清晰的感觉，我们看看华为的"五个一"变革，这个变革举措是公司主业务流集成打通的任务中的一项，它的变革目标包括五个：PO前处理一天；从订单到发货准备一周；所有产品从订单确认到客户指定地点一个月；软件从客户订单到下载准备一分钟；站点交付验收一个月（包括安装、调试、客户验收等）。

其背景是电信运营商市场的局用产品[①]形态和组成都很复

[①] 局用产品是指电信运营商使用的交换机等产品。——编者注

杂，又因为华为面向的是全球市场，每个国家的报关、通关等要求都不一样，交付不及时总有各种各样的理由。另外，要把电信局用的机柜等运到其他国家的任何一个地方，如果不是空运（机房设备都很重，如果都用空运成本高昂），都会需要很长时间，货到客户站点后还需要复杂的安装与调试等，往往需要很长的周期。

虽然困难重重，但是为了提升公司在客户界面服务速度的行业竞争力、提升客户满意度，也为了提升公司内部的库存、货物等的周转率以提升资金使用效率，公司下决心启动了此变革，并将从客户订单到客户交付验收的端到端各环节的运作速度形成明确的指标要求，作为此变革的量化目标。

类似于"五个一"的变革目标设计有非常好的作用。一是简明易记，非常便于传播，在外部客户以及内部员工心中很容易产生共鸣和向往。二是变革方案设计也有了清晰的靶点，很容易解码、分析、验证以及衡量变革成败。"五个一"变革最终在华为取得了很好的落地效果，甚至对公司的现金流和利润都产生了积极作用。

除了以上讲的每个变革项目都会有清晰的变革目标，在整个公司层面，有时候还会把一些大的变革目标汇总，形成整个公司的宏观变革目标，例如 2014 年整个华为公司的变革目标是：在管理体系上要持续变革，建立流程责任制，两年落地 LTC 流程，三年实现账实相符，五年实现"五个一"，以此驱动整个公司的变革前进。

把握好变革节奏

企业运作一段时间后，都会进入一种相对的稳态结构，保守文化占据主流。要打破既有的业务流程或运作习惯，改变复杂的权力分配，同时对公司当前的经营结果不产生大的影响，不是短时间内所能完成的。

中国历史上很多变革的失败都是因为操之过急，在短时间内展开面又太大，变革推进缺乏策略。要推进一项重大的变革，最好的办法就是有节奏地分步实施，这样不是短时间内就把过去的运作流程、组织架构、治理模式彻底掀翻，而是每一步都做扎实，通过稳步推进，保持整体运行的平稳过渡。

在华为，虽然变革已经常态化，但是稳定依然是主旋律。在稳定中改良，在生存中发展，谋定而后动，急用先行，而不是追求完美。首先改进主要矛盾和矛盾的主要方面，而不是一哄而上，贪天功为己有，因此华为的管理变革才形成了一种持续渐进的推进模式。

不管是什么样的企业，都可以有宏伟的变革愿景与目标，但都应策略性地规划分步走的变革路径和节奏，对于公司变革整体来讲是这样，对于单个的重大变革也是这样。无论什么变革，都应先试点、后推行，基于变革策略逐步覆盖各个业务模块、各个作战区域。

变革宏大如中国的改革开放，也是先保持难改的存量区域不变,从容易的地方做起,在阻力小的深圳、珠海等地设立特区,进行小范围验证,在试点中完善新的运作体系,成功了再大范围推广。从结果看,改革开放可以说是最成功的变革。

对企业来讲,由易到难和由难到易两种变革策略都是可行的,且各有优劣。由易到难的好处是更容易推进,劣势是容易的往往不具备典型性,面对复杂场景时可能还需要再造方案。由难到易的好处是"拿下山头"就成功了70%,劣势是先攻"山头"对变革主导者的能力要求更高。两种策略应基于对企业变革能力的评估进行选择。

实际上,华为很多大型变革都会在一些关键阶段开展变革的准备度评估、接受度评估等工作,系统性审视组织当前的业务情况、资源准备、变革能力、变革状态等,以此来确定下一阶段的变革策略,使重大变革的推进工作更加有序。

在具体规划大的变革节奏时,企业的变革主导者们一般会综合考虑以下三个核心要素:第一,对变革内容进行分割,确定各模块变革的顺序;第二,对变革对象进行分割,确定业务的落地和覆盖计划;第三,对推进时间进行计划,确定里程碑性的进度要求。

例如,一个公司如果要开展系统性的人力资源变革,在制定变革节奏时需要考虑以下要素:第一,组织管理、人才管理、薪酬管理、企业文化等的变革顺序。第二,先覆盖南区还是北区,先覆盖研发还是市场等。第三,各项推进的方案开发、试点、推行完成的里程碑时间要求……

第五章 共启变革愿景与目标

五分钟说明白

变革愿景与目标在变革推进中具有纲领性的作用，因此会在非常多的场合使用到，变革典礼展示、领导汇报、同僚说服、员工教育、方案设计、推行宣传、成果核验等环节都会需要。如何有效地沟通，共启愿景与目标，是一项重要的工作。

很多职场人员，不是输给了对手，而是败给了自己。例如，在和上级沟通时，心想好不容易抓到了沟通机会一定要利用好，于是往往会长篇论述，导致不仅表达不清楚还使领导不耐烦。

美国表达策略大师米罗·弗兰克提出了一个"30秒理论"（也叫"30秒电梯沟通法则"），意思是一个人如果在30秒内说不清自己想要表达的观点，那么之后就再也说不清楚了，我们把标准降低点，要求5分钟讲清楚愿景与目标。

要达到这个要求，我们需要在各种场合都能做好以下几点：第一，充分的前期准备，将要讲的背景、愿景与目标条目化；第二，清晰的意图陈述，先直奔主题，直奔结果，再陈述原因；第三，快速的兴趣吸引，概述企业的差距、风险和不变革的危害；第四，沟通时简明扼要，能用更短的时间就不要用更长的时间；第五，关键信息不超过5条，因为人们能记住的通常只有3条。

我们必须通过在5分钟内讲清楚愿景与目标，激发起对方的强烈兴趣，然后再就具体行动达成共识。

> **一个正面的例子**
>
> 领导，今天想和您汇报下计划下个月启动 IPD 变革的事情。
>
> 您知道吗？我们产品上市周期比 A 要慢 30%，利润率低了 50%。兄弟们都很辛苦，但是效果并不是很好。
>
> 我们希望通过 IPD 变革构建起行业领先的集成研发体系，实现市场驱动研发、有效管理产品组合、过程中构建好质量和成本。
>
> 我们的目标是产品上市周期缩短到 6 个月，利润率提升到 30%，客户满意度提升到 85%。计划用一年的时间达成。
>
> 我和 X、Y 领导沟通过了，他们也很支持，并和我说，要是再不变革，明年很难有奖金，有追求的骨干都留不住了。
>
> 想听下您的意见，如果您有时间，我们详细讨论下。

企业里每个人的时间都是有限的，尤其是企业的高级管理者，他们的时间更宝贵，是否能引起他们的注意往往在于前几分钟，如果不能快速引起他们的兴趣，很难继续沟通或取得好的沟通效果。

在这个案例中，汇报直奔结论性的主题（计划下个月启动 IPD 变革）、概括能激发对方兴趣的差距（上市周期、利润率等）、简要陈述愿景与目标以及不变革将带来的进一步危害，通过简短而有效的沟通使领导快速下定决心，开始启动变革。

一个不太好的例子

领导,今天想和您讨论下 IPD 变革的事情。

我们上半年的经营情况又很不好,收入比目标少了 8000 万元人民币,利润少了 6000 万元,和 A 公司差距越来越大了。对了,有个事情领导您要关注下,电信的老大说要给我们的董事长写产品质量投诉信。

我们是不是尽快把 IPD 变革启动起来啊?IPD 变革可以帮助我们实现集成的产品开发,通过市场管理和 DCP(Decision Check Point,决策评审点)帮助我们有效管理产品组合。对了,IPD 还有 TR(技术评审)帮助我们更好地控制质量和成本。

我们的目标是把产品上市周期缩短到 6 个月以内,现在的利润率太差了,都没有达到 B 公司的水平,我们希望提升到 30% 左右,现在客户满意度也不行,会影响我们的长期发展,我们希望把客户满意度提升到 85%。

IPD 变革其实挺难的,具体的达成目标的时间要再讨论下。

领导您的想法是什么呢?

领导您别走啊……

这个案例的典型问题包括:主题结论不清晰、表达不精练、差距陈述不具备震撼力、说些领导本就知道的事情、讲与主题无关的自以为重要的事情等。

事实上大多数人并不会比这个例子做得更好。如果不掌握有效的沟通方法,那么上面的情景就会经常发生,看似什么都讲了,但是领导根本没有耐心听下去,更别说达成沟通目标了。

共启愿景与目标

在愿景与目标明确后，我们应采取恰当的手段将其传递到组织的每一个角落，成为大家共同的追求和向往。

我们期望的是：在变革期间，大家看到、听到和感觉到的都是同一个声音，全员目睹、感受、讨论愿景与目标，进而将其内化为组织全员的信念和价值观，形成两方面的作用。

第一，将变革的愿景与目标作为个人潜意识的工作要求，并主动努力做到。

第二，在发现组织或他人有差距时，有意识地推动相应群体改进或形成无意识的言行进而影响到相关群体。

其实无论是否能内化，长期的同一个声音都会驱动大家的心理产生从量变到质变的结果，由此形成的"有同理心"的变革氛围会对变革的推进起到很好的促进作用，推动变革不断前进。

针对组织中不同层次的员工，为了达到相应目的，我们应采取不同的信息传递方式。

对高层：汇报＋研讨；对中层：研讨＋宣传；对基层：宣传＋教育。

对中高层组织专题性的研讨活动不可或缺。

第一，变革是大家共同的使命，不能主动忽视任何一个人，尤其是对变革会有重要推动作用的高层和中层管理者。第二，层级使然，高层和中层管理者参与变革的愿望会更强，其意见也更重要，这些都需要通过研讨达成。

对中基层的宣传至少可以尝试做到两点。

第一，随处可见：上墙、上桌（屏保）、上电视（如食堂）等；第二，随手可查：内部网站、报纸、公告牌、员工手册等。

除了组织性的行为，变革团队中的每一个人都应发挥变革主人翁的作用，积极利用各种机会影响周边可以影响到的人，向大家传递变革的意义、愿景与目标。

在愿景与目标的传递过程中，变革主导者中的高级主管们尤其应以身作则，起到积极的示范作用，而不是让基层冲锋在前，高级主管们话语的影响力要比基层员工大得多。

作为卓越的领导者，他们的特点就是善于通过沟通唤醒追随者们的梦想，通过示范、感召，激励大家相信能够共同完成一项伟大的事业，进而使他们满怀激情地投入或者支持变革。

最经典的案例是美国民权运动领袖马丁·路德·金在华盛顿林肯纪念堂面对25万美国民众的演讲《我有一个梦想》，他将个人愿景与听众的愿景和激情紧密联系起来，让受众似乎能看到、摸到、感受到未来的画面。这个演讲始终占据着美国"20世纪最佳公众演说榜"前列的位置。

罗马不是一天建成的

很多企业会进入两个常见的认识上的误区。

认为企业管理体系建设和变革没那么重要

很多企业可能会认为，组织成功的关键在于领导，领导的作用比流程或者管理更重要，因为"兵熊熊一个，将熊熊一窝"。这个观点也没错，但是把组织的命运系于个人身上是很危险的，对于小企业是不得已，毕竟管理进步会需要较高的成本，但是对于成熟的大企业来讲，这是不可接受的，我们不应该依赖于"牛人"治理公司，对此任正非讲过"要摆脱三个依赖"的观点。

首先，人对人的能力的预判很难做到绝对准确，毕竟谁都会有"看走眼"的时候，即使我们判断准确了，万一有一天他离开公司，一系列业务也就会随着"牛人"的离开而倒下。其次，组织小的时候可能还能管得好，但是一旦组织大了，没有流程等规则的支持很难取得好的结果。一个人驱动几个人容易，但是要有序驱动几千人的队伍是不可能的。

有些企业正因为这些管理意识没有启蒙，所以在很长的时间里对管理体系的建设和变革都不重视，总认为创业时一穷二白没管理企业也能成长起来，要继续在市场上竞争还是可以沿着以前的成功道路走，只要把既有的几个核心骨干激励好，企业不犯大的战略失误就能继续前行和发展壮大。

在企业小的时候，管理的重要性确实没那么明显，原因在于员工规模小，员工之间的分工相对简单，业务上也不需要太多的协同，比如产品开发或者客户交付可能一个人或者少数几个人就端到端负责了，如果需要沟通协同的话，责任人也比较明确，因而不需要太多的流程、文件。

一个小企业要想从 1 走到 N，最好的办法是让自己的身躯强壮起来，这个身躯就是通过管理构建的企业竞争力，否则很难长期生存。比如企业小的时候，响应速度很快，这是一个优势，但是一旦企业规模大了，响应速度快的同时，还要管理好响应质量，否则，可能一个低级的合同就把公司葬送了。

我们需要理解的是，企业从 0 到 1 的过程没有遇到太多阻碍并不是由于自己有多强大，而是因为企业未形成规模时，强大的公司根本就没将我们作为竞争对手。一旦双方开始竞争，我们就会发现曾自以为的企业的"强大竞争力"原来如此脆弱，很多中小企业惧怕巨头进入自己所在的市场就是这个原因。

从企业经营的角度来看，过去的成功并不是未来前进的可靠向导，失败也不是"成功之母"，企业管理的质量才是持续胜利的保证。

我们不能因为企业过去的成功就以为过去的方法也会适用于现在和将来，必须及时建设与企业发展阶段和业务规模相适应的有效的企业管理体系，以构建起在市场上的持续的竞争力。

认为管理体系很重要，因此必须以最快的速度建成

企业当发展到一定规模，和同等甚至更大规模的管理优秀的

企业正面竞争时，会经常失利。比如为了体现对客户的重视大家都派了几个人去客户那里拜访，但是对方几个人有明确的分工和协同，而己方的几个人却是"打乱仗"，竞争力完全不在一个层次上。

有了多次竞争失败的教训后，企业对管理重要性的认识开始启蒙，于是下定决心要构建起企业的管理体系，这时候企业常常又会进入另一个认识上的误区，那就是要以最快的速度建成完整的企业管理体系，从而开始了变革的"大干快上"，殊不知在企业管理体系的建设上"矫枉不能过正"。

任正非在2014年《就公司组织变革致全体员工的一封信》中说道："今天的华为已经成长为一家业务遍布140多个国家的全球化运营公司……我们在组织变革过程中，要按照先立后破的原则，务必确保日常工作有序推进。"

对于任何一个企业来说，发展是追求，但是生存也是底线，我们不应同时启动很多大的变革，必须妥善地规划变革顺序。

首先，多个变革同时开展，会严重分散企业的资源投入，导致每一个变革都无法组成最优秀的团队去推进，从而无法保证变革质量。

其次，各个变革同步推进，没有一个是经过检验已经固化的，那互相之间的集成（如研发、市场、供应链、采购、服务交付等）难以确定基准。

最后，多个领域同时推进，就如同从家里出门时外面的每条路都在挖掘重新建设，大家就不能安心做好自己的事情。

我们可以对未来充满憧憬和期望，甚至有野心，但是从现在走向未来的路上，企业必须统筹规划，分步实施。为什么变？变什么？怎么变？基于对这些问题的思考和回答，才能取得一个相对科学的方案。

华为的经验是"企业管理进步需要的是改良而不是革命"。在同一个时间段内，开展重大的公司级变革的领域不应超过两个，我们不能让公司进入一个到处施工，到处建设，无人聚焦于作战打粮的状态。

理解了这些，我们就会知道，罗马不是一天建成的，企业的核心竞争力不是一天就能形成的，企业的高效管理体系也不是短时间就能构建起来的。

案例（华为）：建立清晰愿景，把握好变革节奏

2007年，华为公司启动了销售与服务领域的大规模变革，并将其命名为CRM变革，这是华为公司历史上的几大战略级变革之一。注意，这里的CRM不是CRM IT系统的概念。

因CRM将会重构整个公司销售与服务相关的运作模式，为了确保CRM变革一次成功，华为严格遵循了科学的变革方法论，在埃森哲的指导下，用了8个月的时间进行正式启动前的规划工作。

在顾问公司的支持下，变革项目组与客户、机关、一线团队等进行了超过几十场的深入讨论，详细了解了当时存在的问题并倾听大家的心声、反馈、建议等，最后结合领先实践规划To-Be的变革愿景与节奏。

在这个过程中，客户也给CRM变革提出了很多很好的建议，相关建议涵盖营销、销售、服务、跨领域协同等，营销和销售领域的例子见表5-1。

表5-1 客户针对华为的营销和销售提出的建议

	华为应该杜绝的	华为应该开始的	华为应该继续的
关于营销	·营销活动过程缺乏对客户需求和问题的闭环管理 ·提供产品组件却未提供端到端的解决方案	·提供产品、解决方案和服务共同演进的路标 ·告诉客户华为对市场走向的认识 ·与客户协同制定产品发展路标	·积极邀请客户参加华为举办或参与的营销活动 ·从客户的角度出发，提供有竞争力的价格

第五章 共启变革愿景与目标

（续表）

	华为应该杜绝的	华为应该开始的	华为应该继续的
关于销售	·承诺华为所不能交付的 ·频繁地更换客服团队 ·变更客户已同意的价格或条款而使客户惊讶	·向一线充分授权 ·提前就标准合同条款达成一致，以避免双方的重复谈判 ·谈判伊始明确华为所关注的重点	·提供领先于友商的产品包方案 ·提供有竞争力的产品与技术创新

基于领先实践研究、外部客户与内部研讨反馈等，华为形成了CRM变革的能力框架，一共包括62项能力，但是这些能力的全面提升是不可能在短期实现的，因此CRM变革项目组组织了公司高层参与的多次内部汇报与研讨，最终确定优先改进其中的28项能力。

我们要知道，愿景与目标的确定过程更是形成变革共识的过程，因此华为CRM变革深刻践行了"变革要先慢后快"的理念，在营销、销售、服务以及CRM变革相关使能业务领域（如研发、供应、流程与IT等）都进行了很多次分层分级的沟通、汇报、研讨等，确保大家对CRM变革的未来达成很好的共识。

最后，CRM变革的愿景被确定为"项目三角协同、售前售后贯通、合同赢盈并重、质量风险可控、提升运作效率、实现卓越运营"，并对其进行了进一步的解码，确定了具体的KPI衡量指标，指标包括客户满意度、财务健康如DSO/ITO/销售成本/交付成本、运作高效如Time To Customer（给客户的时间）等。

在有效把握变革节奏上,CRM 规划的结果是将整个 CRM 变革举措划分成了 13 个变革项目,融入 4 个工作流(Stream)、按照 3 个波次(Wave)循序渐进地开展,并明确了各项目的依赖关系和各波次的变革范围,我们将其称为 CRM 变革"三波四流",如图 5-1。

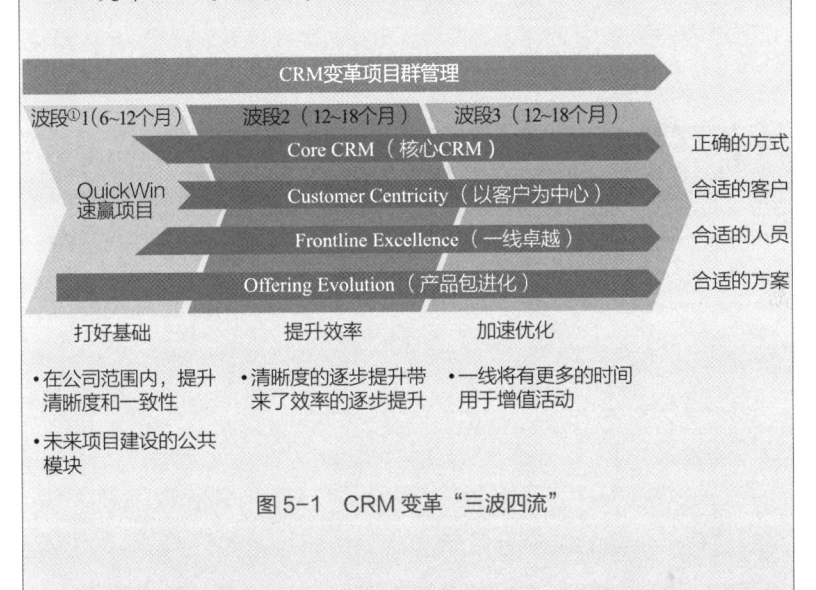

```
CRM变革项目群管理
波段①1(6~12个月)  波段2(12~18个月)  波段3(12~18个月)
                Core CRM(核心CRM)              正确的方式
QuickWin        Customer Centricity(以客户为中心)  合适的客户
速赢项目          Frontline Excellence(一线卓越)    合适的人员
                Offering Evolution(产品包进化)    合适的方案

打好基础          提升效率            加速优化
·在公司范围内,提升  ·清晰度的逐步提升带  ·一线将有更多的时间
 清晰度和一致性     来了效率的逐步提升    用于增值活动
·未来项目建设的公共
 模块
```

图 5-1 CRM 变革"三波四流"

每个 CRM 变革工作流都会有其聚焦的独特目标,例如"核心 CRM"聚焦于建设正确的销售与服务工作方式,其下会有三个子项目,一个是 LTC,一个是 ISD,一个是 Issue To Resolution(从问题到解决),而"以客户为中心"聚焦于如何优化客户界面的运作与价值创造,其下会有客户期

---

① 波段(wave):在变革中指某个变革的多个阶段,类似于轮次(round)的意思,指因业务需要将一个大的变革切分成多个子变革来开展,几个波段构成一个大变革。——编者注

第五章 共启变革愿景与目标

望与满意度管理（Customer Expectation and Satisfaction Management, CESM）等子项目。

对于战略级的 CRM 变革如此，对于其他的变革其实亦如此，华为会在每一次变革开展时，将变革的推进工作进行科学的规划和切分，以把握好变革节奏，使每一次管理进步都是有序并且有效的。

案例（F 公司）：愿景 & 目标不清晰导致变革受阻

F 公司是一个研发和供应办公自动化系统的公司，产品包括企业通信、网络安全、共享打印等，销售模式包括直销和分销。

在公司进一步发展的过程中，因客户越来越多，创始人希望系统性建设销售流程，一方面为了优化作战模式提升效率，另一方面也希望控制风险，因而计划启动销售领域的变革，这个任务随后交给了负责直销的销售总监。

销售总监是一直跟随公司发展而从一名普通的销售员成长起来的，算是创始人的一名铁杆支持者。所以很积极地响应了创始人的号召，和创始人大概沟通了一下领导的期望，就将变革项目启动起来了，项目负责人由一名已在公司工作 5 年的销售经理担任。

在此之前，公司并没有构建变革管理体系，更没有对变革项目如何运作有明确的要求。销售总监和项目负责人基本上按照自己的想法商量着运作，重心基本上放在了领导说的最终目标"流程"上，却疏忽了领导说的作战模式。找了几个销售，就开始了流程建设的讨论。

用了近一个月的时间，总算把销售流程的"0.1版本"做出来了，为了让领导觉得专业，还把各个子流程写得很详细，包括如何管理客户接触、如何投标、如何谈判、如何签约、如何回款等，其实绝大多数内容和现有的运作方式并没有什么差别，只是把大家在做的工作进行了文件化的总结。

拿着大家的成果，项目负责人和销售总监一起兴奋地去找总裁做了第一次正式汇报，由项目负责人介绍具体流程，没讲太久就被总裁的几个问题难倒了：是否和交付部门讨论过？对未来作战模式是怎么想的？按照这个流程来运作我们能获得哪些改善？这些都是之前的工作中没有考虑到的问题。

汇报结束后，销售总监才意识到，原来自己的工作方向不对，领导要的是个大的变革，不是梳理流程这么简单，需要再和领导沟通一下。沟通之后才明白，领导是觉得目前的销售模式太老旧，毕竟公司面对的是一个企业客户市场，要考虑未来的作战模式，比如销售是不是应该分成客户关系、解决方案，并和交付有效协同起来。

销售总监这才意识到事情的复杂性，于是和负责交付的部门一起进行了讨论，让交付总监也安排了人员投入进来，开始了更密集的讨论，过程中还找业界的朋友进行了沟通，毕竟新的作战模式自己没有实践过，也没有特别好的想法。又过了一个月，总算讨论出了一个相对满意的方案。

销售总监和项目负责人再次向总裁进行了汇报，这次的

> 汇报会交付总监也参与了，但是总裁依旧非常不满意，说他讲交付协同只是个例子，如果是面向企业市场团队作战，和其他部门不需要协同吗？和渠道又如何协作？未来的决策模式是怎样的？等等。
>
> 项目继续在磕磕绊绊中缓慢推进……

启　示

重要的变革项目通常不是解决一个具体的问题，很多时候是构建未来。如果愿景、目标、范围不清晰，而只着眼于具体的工作，变革就不可能取得好的效果，反复试错会消耗掉公司的变革热情。实际上Ｆ公司的变革失败不只是执行者的失败，也是领导者的失败。

6

HUAWEI

第六章
消除变革阻力

纵观中国历史上的变法，虽然对中国社会进步产生了不可磨灭的影响，但大多没有达到变革者的理想。我认为，面对他们所处的时代环境，他们的变革太激进，太僵化，冲破阻力的方法太苛刻。如果他们用较长时间来实践，而不是太急迫、太全面，收效也许会好一些。

坚持正确的方向与妥协并不矛盾，相反妥协是对坚定不移方向的坚持。当然方向是不可以妥协的，原则也是不可以妥协的。但是，实现目标过程中的一切都可以妥协，只要它有利于目标的实现，为什么不能妥协一下？……我们的各级干部要是真正领悟了妥协的艺术，学会了宽容，保持了开放的心态，就会真正达到灰度的境界，就能够在正确的道路上走得更远，走得更扎实。

（来源：《开放、妥协、灰度——任正非在全球市场工作会议上的讲话》，任正非，2009年）

变革会改变组织中的责任、权力等利益的相对分配，还要改变员工意识或工作习惯。例如因为变革，有些人的责任或权力可能会变大，有些人的责任或权力会变小，会产生许多矛盾，如果不能科学地应对，会使变革推进困难甚至夭折，严重的甚至会对公司的发展产生重大的负面影响。

我们回顾一下前面提到的变革微笑曲线（见图2-4），要让被变革者成功转变意识和行为，并认识到必须采取有针对性的消除阻力的办法。

在一个企业中，变革的阻力既来自高层管理者，也来自中层管理者和基层员工。中高层的支持或反对会直接影响变革是否能顺利推进，其参与的积极程度会影响变革方案的有效性；中基层的反对可能造成变革"回潮"，其实操的积极性也会影响变革的执行效果。

变革的阻力有多种多样的形式，有的会直接表现出来，例如会议时的冲突、对抗，有的会暗藏在"冰山"下面，例如阳奉阴违、形左实右。直接表现出来的反而容易处理，暗藏的阻力其实更难应对。

要有效地消除变革阻力，需要理解阻力因何产生。在一个企业中，变革的阻力可以分成三种类型：第一类，因关心企业变革收益产生的阻力：这种阻力往往产生于中高层管理者。第二类，因关心团队变革收益产生的阻力：这种阻力往往产生于中层管理者。第三类，因关心个体变革收益产生的阻力：这种阻力产生于所有类型的员工。

阻力是不会自动消除的，因为没有人会主动接受自己的权力类"利益"受损，要消除阻力必须采取必要的手段。

即使我们采取了必要的手段，有些阻力可能也无法完全消除，例如"对未来的担忧"阻力，毕竟人心是难以控制的。

我们不追求消除变革中的所有阻力，实际上也无法做到。我们应视阻力对变革推进或变革成效影响的大小，优先消除对变革有重大影响的或投入产出性价比高的阻力。

有时候，主要阻力消除了，次要阻力也会跟着消除，要抓住主要矛盾和矛盾的主要方面，正如"擒贼先擒王"。消除变革阻力的工作应策略性地开展。

理解人的心路历程

任何一个人，从对变革的一无所知到全力支持都要经过四个阶段。

阶段一，知道：了解变革背景、目标和收益；

阶段二，理解：理解变革方向、关键变革点、变革方案；

阶段三，接受：接受变革方案，愿意开始尝试；

阶段四，承诺：承诺变革投入，并推动他人积极支持和行动。

从阶段一到阶段二跨过的是不了解（变革）的过程，主要通过宣传、沟通（对高层还有汇报）的方式来解决。

从阶段二到阶段三跨过的是不喜欢（变革方案）的过程，需要借助教育的手段，辅以必要的有针对性的共赢方案。

从阶段三到阶段四跨过的是不信任（变革主导者）的过程，通过激发被变革者的使命感、参与感、成就感等会有一定的帮助，如果不信任感不能消除又影响重大，在必要时要对中高层管理者辅以相应的人事安排。

要让任何一名员工或一个群体完全支持变革，都需要让其经过"知道 – 理解 – 接受 – 承诺"的过程，无论是对于因关心企业变革收益产生的阻力，还是对于因关心个体变革收益产生的阻力。

为了让变革推进得更加顺利，我们应优先将中高层管理者发展到阶段四，因为他们除了影响自己，还会直接影响到变革前进及其所管理的团队成员对变革的态度。

因关心公司而产生的变革阻力

经过"增强变革紧迫感"和"共启愿景与目标"的工作环节，大家应该已经达成了"需要变"和"想变成什么样"的共识，但是对"如何变"会有不同的想法，因为"如何变"直接决定了是否能够取得变革预期的或更好的收益。

因关心公司而产生的变革阻力正是产生于对"如何变"的争议中，常见于中高层，因为他们和企业的利益联系更加紧密，变革一旦失败对他们的影响会更大一些。中基层也不是完全不关心，只是在这一点上他们的影响力有限，一般不会产生大的阻力。

中高层通常已经具备了所在企业不同领域的成功实践经验，他们对公司的各种情况也都比较熟悉，因此对"如何变"往往会有自己"独特"的见解，而且因为个人"过去的成功产生的自信"又会比较坚持，另外因为管理层级高所以影响力更大，多种因素叠加在一起注定需要我们对此类阻力更加重视，一般须逐个开展工作，针对性地消除。

中高层管理者关于"如何变"的两种常见争议是对变革时机的不同观点和对变革方案的不同观点。

关于变革时机的争议

针对变革时机的问题，没有绝对正确的答案。宏观来讲，有的人认为经营良好时开展变革更好，有的人认为经营遇到问题时效果更好。微观来讲，为了减小对业务运行的冲击，不同的变革还有独特的变革时机的要求，例如薪酬变革多在财年切换时推出或结合年度调薪开展。

既然没有万全之策，对变革时机的讨论就可以放在变革准备度上，也就是要有效地开展此变革，组织中相关的条件是否具备。例如：经营条件是否支持、变革资源是否具备、变革方案是否可行、对正常业务运作的冲击是否在可以接受的范围内。

如果被变革者尚有异议，可以请他们列出其认为变革推进还应完成的准备工作，不能为反对而反对。对于其合理的要求予以满足，好的建议予以采纳，这样变革阻力也就会消除，这个过程客观上还会推进变革，使其更加科学。

作为商业性企业，变革既要有推进的决心，也要有稳妥的方法。在推进大型变革的一些关键时间点，最好开展一些变革准备度的评估工作，例如在变革正式启动前或者变革大规模推行前，评估的结果用于支撑组织判断是否应进入变革的下一个阶段。

关于变革方案的争议

一个良性的组织应该能够听取各方的意见，尤其是已经具有成功实践经验的中高层管理者的意见。每个人掌握的信息不同、视角不同、经验不同，所以可能会各有其可取之处。

但问题是，如果中高层管理者对变革方案的观点各不相同，有时候甚至大相径庭、无法调和，变革阻力就无法消除。这时候该怎么办呢？

我们的核心是把握住"变革方案应依附于变革的愿景与目标"。即使是一个看起来完美的变革方案，如果不能有效地支持变革愿景与目标的达成，那么也没有任何意义。这个看起来简单的道理实际上在绝大多数企业中都没有很好地把握。

变革方案应围绕变革目标进行TopDown（自上而下）分解而产生，辅以BottomUp（自下而上）的变革收益测算进行验证。例如，如果端到端成本的变革目标是下降30%，那么研发、制造、采购、供应等环节的变革方案都应有其相应的目标并形成相应的支撑。

在华为，公司的变革目标会分解到各个变革项目，而项目的变革目标又会分解到各个子项目，每个子项目又会对其变革方案形成的收益进行规划、测算、承诺。

变革方向和目标要坚定不移，是不能妥协的，但达成方向和目标的过程是可以妥协的，并不需要是一条直线，也许是不断左右摇摆的曲线，有时候可能还会画一个圆，但是如果我们站得远一些，或者更宏观一些看，它的方向仍是朝向前方的。

可能的情况下，我们要更多地尊重业务主管的选择。如果业务本身就在对方负责的范围内，对方的方案建议又能够支撑变革目标的达成而且还能对此承诺，那么接受对方的变革方案就会取得双赢的效果。

变革的主导者要有"功成必定有我，功成不必在我"的宽广胸怀，大家应追求的是变革目标的达成，而不是变革方案一定要按照自己的想法制订，一切有利于组织的都应是大家追求的。

还有一种情况是，多个主管的变革方案都能支撑目标的达成。这时候很难有万全之策，那就只能按照大股东原则来选择了，也就是谁负责的业务听谁的。

如果对方的方案不能支撑变革目标的达成，而变革项目组的方案可以支撑，那么对方就没有理由再坚持他的变革方案了。经过这样的沟通，变革阻力实际上已经消除了。

如果直接的沟通不能消除阻力，那就利用同盟军的力量，因为一个企业的变革方案往往是互相之间有千丝万缕的联系，流程和流程之间需要打通、业务和业务之间需要集成，借助同盟军可以很好地说服对方。

如果同盟军还不能解决变革方案的选择问题，那就进一步求助于我们发展的上级主管、高层主管同路人。对于思想不开放的主管，有时候其上级主管的沟通教育能起到更好的作用。

如果各种沟通教育都不能解决问题，对方只是为坚持而坚持，那就只能采取行政手段消除阻力了，例如适当的人事安排、组织的集体决策等。

因关心团队而产生的变革阻力

即使从整体看，变革对企业有百利而无一害，内部也有可能会让某些团队受损。例如，整体的业务模式改变提升了企业效率，但是因将主要责任从 A 团队迁移到 B 团队而损害了 B 团队的利益。

在关心公司的变革收益时，大家都是站在全局的角度思考，此时出发点会显得更加正义凛然些，因而主管们在对变革有不同意见时，阻力的表现形式会更直接。

在关心团队的变革收益时，主管是站在小团队的角度思考，此时出发点并不是那么"高大上"，因而阻力的外在表现往往会更委婉一些，有时候也可能是藏在"冰山"下面的。

看得见的阻力有时候容易处理，而看不见的要主动去解决，例如，通过主动分析、提出针对性方案来有意识地解决，避免阻力像暗礁一样对变革的成效产生看不见的危害。

因关心团队而产生的变革阻力通常出现在两种情况下。一是团队的经营绩效可能会受到损害；二是团队的集体利益（如待遇）受损。其代言人是团队的一把手或主要主管。

关于团队经营绩效受损的阻力

团队经营绩效受损可能以三种形式存在。

第一，当期经营绩效直接受损；第二，当期经营绩效未直接受损，但因当期有变革投入，变相受损；第三，长期经营绩效受损。

团队经营绩效受损的直接"受害者"是团队主管，会影响其绩效评价、奖金评定等。间接"受害者"是团队成员，会因团队绩效不佳导致团队的绩效等级总比例下浮、总奖金包变小等。

对于可能因变革导致经营绩效受损的团队，如果明显预见到会有很大的影响，可以考虑一定的绩效补偿措施，例如对其绩效赋予特别的绩效因子。

在实际操作中，因对绩效的影响往往无法科学计算，很多时候可能无法做到科学的平衡，所以也不要追求完美。

我们重点是做好两端管理，就是对预见到会因变革受损特别明显的团队，可以适当调低绩效目标，组织绩效评价时单列进行评价，一事一议等，不能不做任何区别对待。

尤其要注意的是，对于积极支持变革、变革又会影响其当期经营绩效的，务必要慎重对待，以免打击其参与变革的热情。

对于预见其经营绩效不会受到明显影响的团队，通常不采取特别措施，而是要求管理者要有大局观，局部利益要服从整体利益。

关于团队集体利益受损的阻力

变革会改变企业的业务流程，其结果就是流程中的各种角色会被整合优化重新赋予新的职责。以餐馆为例，有的变革可能取消了收银员，代之以顾客自助线上支付，有的变革可能取消了人工点餐服务，代之以顾客自助线上点餐。

流程中角色的承接者是团队中的岗位，也就是（流程）角色与（组织）岗位匹配，团队的集体利益指的就是团队中的岗位群的利益，包括岗位群的存续、责任、权力、待遇、工作复杂性五个因子在变革前后是否会有变化，例如流程角色的取消就会影响岗位群的存续。

其中，岗位、权力、待遇是正向因子，变革后岗位越重要，权力越大、待遇越好，就会越受被变革者的欢迎。工作复杂性因子是反向的，复杂性越高就会越受被变革者的反对。责任因子相对复杂，必须区别对待，例如高层管理者可能喜欢个人责任增加，而基层员工往往不喜欢责任增加。

对于同一个岗位群，需要综合考虑以上五个因子带来的利益影响，有时候正负可能会抵消，例如待遇和工作复杂性同时增加。

实操时可以参考表6-1的矩阵进行分析，制订有针对性的解决方案。

表6-1 变革对团队集体利益因子的影响分析矩阵表

部门	岗位群	岗位影响	责任影响	权力影响	待遇影响	工作复杂性影响	利益严重受损	可能的阻力解决方案
A	××岗位群	...	...	...	...	...	N	无
	××岗位群	...	...	...	...	...	Y	×××××

无论如何，我们不可能做到变革中利益的完全平衡，并不是所有利益的受损程度都可以科学计算的，所以关键是做好因变革受损特别严重的岗位群的补偿。

如果可以预见某个岗位群的利益会因变革受到严重的损害（尤其是岗位群存续的变化），务必慎重对待，否则轻则造成变革推进受阻，重则造成舆情风险甚至导致某些极端事件的发生。

有效的针对性的沟通对解决群体阻力有重要帮助，要站在对方的立场拟制沟通材料。对于受损严重的岗位群，必要时还应采取相应的补偿措施。

具体的补偿措施有：为因为变革而失去岗位的群体安排其他可以胜任的工作，避免集体失业；为因为变革工作复杂性大幅提高而可能集体难以胜任岗位要求的群体安排相应的培训学习，使其不担心未来的工作；为变革后责任和复杂性大幅提高的岗位群在合适的时机提升其岗位称重或调整岗位价值评价的标尺；为权力和待遇在变革后都会大幅下降的主管提前安排其他合适的岗位，确保其参与变革的积极性。

实际上，还存在另一种情况：变革后岗位群对企业的重要性降低。例如责任和工作复杂性都大幅下降。对于这种情况，变革后还要在一段合适的时间后（不能太急迫，以避免对变革的负面影响）重新定位此岗位群的岗位称重（或价值评价标尺），重新赋予其合理的回报。

因关心个人而产生的变革阻力

作为社会人，大多数人首先关心的都是个人的利益，在此基础上，才会进一步关心组织收益。

孔子曰："不患寡而患不均，不患贫而患不安。"在企业中，不少员工会持有同样的心理。

即使变革对整个企业和所处团队都有益，还是会因个体利益受损的可能性而产生阻力，主要表现在以下三个方面。

第一，因现实利益产生的阻力。这种阻力发生于个人的岗位、责任、权力、待遇、工作复杂性等相关工作受到负面影响，或员工认为其变革投入大于产出时。

第二，因舒适区产生的阻力。这种阻力发生于个人过去形成的工作习惯或思维意识难以转变，习惯待在舒适区时。

第三，因担忧未来产生的阻力。这种阻力发生于其个人认为变革带来的改变可能会影响未来的职业发展时。

对第一种阻力的处理方式和岗位群的集体利益受到损害的处理方式类似，不再展开阐述，而且在这种情况下，可能产生较大影响的中高层管理者才是需要重点关注的对象，因为这一群体对变革能产生的影响较大。

因舒适区产生的阻力

人都会习惯于待在舒适区，尤其是组织中的一些既得利益群体。例如一个高级主管，以前都是秘书打印了纸质文件请其审批签字，变革后要让他线上审批，他在短时间内是很难习惯的。再如一个程序员，以前编程序都不用写代码注释，变革后要让其每段程序写一个注释，这种改变也是很痛苦的。

对一个企业员工而言，其舒适区包括个体的作业方式、与相关同事的协同方式、向上的互动方式等。要让员工走出舒适区，让他们将现有的工作方式转变为变革后期望的工作方式，不是一件容易的事情。可以考虑的方法主要有以下四种。

第一，开展宣传、沟通和教育，使员工认识到工作方式转变的必要性，同时提供必要的辅助工具，提升其转变后的工作效率。第二，建立相应的流程和IT系统，并逐步作为其工作的必需路径，逐步转变其行为习惯。第三，将新的工作方式执行情况与员工的利益挂钩。第四，管理者以身作则。

要重点关注的是中高层管理者，他们如果习惯于待在舒适区，可能会以各种各样的理由阻碍变革，从而直接影响变革的启动和推进。

最好的办法是采取措施把"要我变"转换成"我要变"，例如下达变革目标驱动其不得不主动做出改变等。

因担忧未来产生的阻力

在变革完全落地前，很多员工都会担忧未来，而实际上他们担忧的大多数问题并不会发生，例如变革后个人的岗位是否还存在、综合收入是否会下降、已有的工作技能是否能适应新的工作要求、变革后个人的专业技能是否会与行业脱节等。

通常来讲，员工的担忧并不会对变革的推进直接产生负面作用，因为担忧的情况尚未发生，所以阻力也不会太大，但是会影响员工变革投入的积极性，进而一定程度上影响变革的执行效果。当然，如果担忧发生在中高层管理者身上，那就需要格外重视。

一种较好的方式是对变革前后的岗位变化情况拟制有针对性的宣传沟通材料，并针对可能的影响提供一些辅助性的学习材料，让主要的岗位群都能提前了解变革对岗位群的影响，同时使员工提前做一些学习准备工作，以更好地迎接变革。

另外可以考虑组织分层分级的座谈活动，由组织中的高级主管和部门主管一起与下属进行集体沟通，通过面对面地听取员工的意见、困惑、建议并开展答疑解惑等活动，直接快速地消除误解，同时让大家看到组织变革的决心和担当。

通过有效的宣传、沟通、学习、互动，协助员工们提前做好必要的变革准备工作，就能解除广大的被变革对象群体的担忧，同时也能让被变革对象进一步理解实施变革对组织和个人的价值及意义，从而积极支持变革。

干部不换思想就换人或岗位

无论组织如何努力,变革中的阻力都不可能完全消除,因为变革毕竟会影响到利益分配,很难做到使所有人都满意。我们需要做到的是,不能让阻力大到影响变革推进。

毛泽东同志说"政治路线确定之后,干部就是决定的因素"[1],对企业来讲也是一样。如果变革已经是组织的既定战略,在变革的过程中,我们会要求干部有更多的担当。

干部必须认识到,管理变革构建的是企业整体的核心竞争力,目的是使企业能够持续有效地生存和发展。公司的整体利益提升了,大家的利益也会提升,全体员工也才有实现价值的机会。

因变革的需要,变革过程中一些干部的职务可能会发生变动,组织可以倾听干部的诉求,但也要要求干部服从,否则变革就无法推进。变革完成后,可以再基于岗位情况和大家的诉求进行合理的调整安排。

对于变革中非干部个人原因但确实受到明显影响的主管,组织可以考虑适当的岗位安排等补偿措施,也可以让其直接参与到变革中承担重要变革职责,以变革的成就感抵消其失落感。

---

[1] 引自《毛泽东选集》第2卷,北京:人民出版社,1991年,第526页。——编者注

各级干部尤其是中高级干部，必须具备全局观，在变革过程中起到模范带头作用，积极承担责任。不具备全局观的干部不适合承担高级岗位。

对于组织已经确定的变革方向，干部如果始终不能换思想那就换人或者换岗位，策略性的人事安排是消除变革阻力的好方法之一。

案例（华为）：策略性消除变革阻力

1997年任正非在市场部干部培训会上的讲话《坚定不移地推行ISO9000》中说："大家在管理上应加强自我学习与领会。在做每一件大事前，其实我都已于一两年前就做好了铺垫，有些先知先觉的人，很快响应，及时跟进，这些人就是要培养的队伍。"

回头来看，1996年《华为基本法》的出台和1997年开展的市场部集体大辞职也是在为即将到来的流程、管理、制度等全面变革做干部和舆论上的双重准备，它既是压力测试又是实实在在的排兵布阵，将IPD等变革可能带来的剧烈震荡提前释放一部分，到任正非真正号召IPD的落地要"削足适履"之时，"美国鞋"已经不太夹脚了。

为什么IPD变革也会影响到市场体系，因为华为的IPD全称是"集成产品开发"，变革改变了过去的产品开发与市场销售模式，实际上很多的市场工作在产品开发的过程中已经完成，包括市场计划、销售预测、早期销售策略、销售工具包开发、上市准备等，对应这些业务的管理权力也就会相应地迁移到IPD管理团队，动了市场部的奶酪。

实际上，任正非对变革中会遇到阻力尤其是可能会遇到来自中高层管理者的阻力有极其清醒的认识，并表示对那些长期不能理解变革，不能理解IBM的IPD改革内涵的人，要请他们出去。其消除阻力的手段也更有前瞻性和策略性，这比在变革要推进时再消除阻力更有智慧。

一个例子：

2001年，华为公司启动了某变革项目，当时A为某部门总监，B为变革项目经理。

在变革推进的过程中，A经常指责B，表示B的变革方案虽然是公司的长期方向，但是现阶段组织能力不具备变革条件，认为不能取得好的效果，并投诉B影响了其当前的业务。B也很委屈，表示自己是在落实组织的战略意图，但A却不积极参与和支持。

了解到相关问题后，公司管理团队对变革方向再次进行了深入的讨论，认为困难是可以克服的，并不需要调整变革方向。

基于相关结论，公司将A和B的岗位进行了直接对调。此人事安排的结果是，双方互相消除了偏见，变革的后续推进工作很顺利。

案例（X公司）：阻力消除不当导致变革终止

X公司是一个消费品公司，产品包括冰箱、洗衣机、微波炉、电热水壶等，公司人员规模近2000人，行业属性决定了其面临的竞争很激烈。

在发展的过程中，已在公司工作多年的人力资源副总裁（下文简称HRVP）希望构建个人更多的业绩，也在业务中树立更高的威信，就向公司总裁建议实施人力资源变革，通过引入专业任职资格体系牵引和提升员工队伍的作战能力，并获得了总裁的支持。

随后项目启动。在启动过程中，HRVP征询了各部门总监的意见，大家没有明确表态支持，但也没有明确提出反对，主要担心的是将来实际运作会不会占用员工太多的时间。HRVP也并未太在意大家的担心，心想总裁都支持的事情，落地实施应该不是什么难事。

但变革团队组建就遇到了问题，因任职资格并不是人力资源一个部门就能搞定的，需要各业务部门派专家协助，但业务部门要么说能不能先在其他部门试试，要么派出的代表专业性不强。HRVP也是公司的"老资格"了，很生气，就找总裁投诉了，在总裁的支持下，各部门勉强安排了专家支持，但基本都是兼职的。

项目进入了任职资格标准开发阶段。由于专家们都是各部门的台柱子，本来工作就很繁忙，投入变革的精力有限，过了一两个月很多标准都没能开发出来。过程中HRVP召集各专家开了几次会，强调了任职资格工作的重要性，但是收效也并不好，专家们给HRVP的反馈是部门业务工作实在太忙了。

HRVP再次受挫，但是又觉得自己的资历不允许轻言放弃，这么半途而废对自己的影响也不太好，于是再次用起了投诉的武器，和总裁说大家都只顾眼前，不去想长期的作战能力问题。这次总裁慎重了些，找了几个业务部门的总监了解了情况，各业务总监也并不想显得自己短视，答复都是变革很重要，但是业务也不敢耽搁，可以换能投入更多时间的代表。问题在互动中得到了妥协的解决方案。

此后，有几个部门的业务代表被更换了，虽然专业性没那么强，但是投入的时间与精力算是比之前的代表好了不少。又过了快一个月，多数岗位群的任职资格标准初稿都输出了，HRVP很开心，变革总算有了明显的进展，随后找总裁进行了汇报，并和领导打包票说两个月内在各个岗位群完成试认证。

可是，事情远没有HRVP想象得那么顺利，毕竟任职资格标准主要针对的是各业务类的岗位，需要各业务部门总监批准，但是拿着标准去请求签发试行时，业务部门老大并不认可草拟的标准，并表示不知道这个标准对业务有何价值，如果将来还要全员答辩、认证，太耗费部门员工的作战精力了，于是事情就搁置了。

之后HRVP和多个部门总监做了点对点沟通，因前期已被HRVP多次投诉，沟通也没有达成共识。HRVP认为标准主要是业务部门代表输出的，现在部门总监们又不认可，于是很生气，再次找到了总裁，把总监们几乎全投诉了。

这次各部门总监在总裁面前再也不保留了，对HRVP"群起而攻之"，表示完全没有看到此变革的意义，HRVP纯粹是为了追求个人业绩而做这个变革。总裁也认为这次的人力资源变革影响了公司的稳定运行，于是终止了该项目。

启 示

变革阻力的消除不能意气用事，要策略性消除阻力并避免简单粗暴，否则很有可能断送了变革。变革的业务特征决定了即使被变革对象短期被迫接受变革，长期也多半会"回潮"。

7

HUAWEI

第七章
赢得变革信心

可以拿出一两个代表处来做例子，一是讲清楚你们的贡献，变革起了啥作用，或者现在没有起作用，但过几年会显现出作用来。有些抵制的代表处一看，效益提升得多，那肯定要干了，就会欢迎你。从你们要人家变革，到人家要变革，你去帮他忙，就不一样了。

所有战略预备队都要有精气神，保持组织必胜的信心。你们看，变革战略预备队唱歌、起队名……看上去很幼稚，但只要坚持这种精神不断优化，总会找到一条路，这就是"精气神"。士气、斗志就是一层膜，当爆开以后，可能就进入另一种状态了。

（来源：《任正非在变革战略预备队进展汇报座谈会上的讲话》，任正非，2015年）

一个大型的变革可能需要很长的时间。例如，华为的 IPD 变革是 1998 年启动的，但直到 2009 年 IPD 管理体系构建才基本完善。在这么长的时间里，如果没有必将成功的信心，变革很可能在某一天就被公司高层领导叫停了。

因为变革的固有特征，企业变革的投入在当期，而收益的获得需要一定的时间，甚至有可能发生短期的效益下降（例如，至少有学习成本、切换成本）。如果因此而对变革产生的怀疑的声音超过正向支持的声音，变革很容易就会遇到重大挫折。

在变革推进过程中，不能只是公司高层、变革主导者抱有一腔热情，也要构建起整个组织的变革信心。让变革团队的全体成员始终有信心，团队才会迎难而上持续努力。让广大被变革对象有信心，他们才会积极尝试、践行，甚至影响身边的人。

实际上，一个优秀的变革领导者很重要的特质就是善于鼓舞他人，我们要让大家像高尔基笔下的丹柯一样，即使变革的道路上会遇到千难万险，也依然能在黑暗中相信，坚持向前会拥有光明的未来。

激励理论中有一句话对我影响深远，那就是"主官与团队一起奋战并取得胜利是对团队最大的激励"，一个总是打败仗的团队，无论采取多少激励方法都难以从根本上建立团队终将成功的信心，激励最多几天内能在团队中起作用，热情很快就会褪去。

这个理论可以进一步扩展一下，那就是"主官带领团队打胜仗 – 围绕打胜仗开展团建形成文化 – 团队持续打胜仗"，按照这样的方式运作，团队就会进入一个正反馈循环。实际上这种新的围绕胜利的团建运作方式已经被越来越多的企业支持和采用，因为主题鲜明印象深刻，所以逐渐代替了过去的无原因、无主题、领导空洞说教、下属低头吃喝的没有任何收益的团建形式。

对于一个时间周期跨度长，或者变革复杂度较高的变革项目，企业要赢得变革必将成功的信心，也可以考虑围绕"创造阶段性胜利，进行阶段性鼓舞"开展信心构建工作。

赢得信心较好的实践方式包括：实施 QuickWin（速赢）措施、打造样板点、鼓舞先锋队、管理者以身作则、阶段性宣传与庆祝。

实施 QuickWin 措施

商鞅变法中有一个"徙木立信"①的典故。为了让国人相信官府会言出必行从而获得民众的支持，商鞅采取"徙木立信"的方式为自己树立公信力。

职场上我们也会经常听到"新官上任三把火"的故事，虽然多为调侃而不完全是出于褒扬的目的，但是我们不能否认的是，要快速建立团队对新主管能力的信心，"三把火"是很有必要的，如果方法得当会很有效果，实际上这也是很多领导力理论中要求开展的工作。

对于变革也是一样的。企业可以有意识地策略性选取与变革强相关的某些变革点，实施 QuickWin 速赢措施，让大家快速看到变革是会给组织带来收益的。

选取 QuickWin 变革点需要考虑几个关键要素：

第一，变革点具备典型意义。选取的变革点应该是变革的一部分，而且和主要的被变革群体有直接关系，这样才能被强烈地感受到。

第二，变革点容易落地。选取的变革点应该是比较容易成功落地的，因为如果第一次失败会极大地打击参与者变革成功的信心。

---

① "徙木立信"出自司马迁《史记·商君列传》：令既具，未布，恐民之不信，已乃立三丈之木于国都市南门，募民有能徙置北门者予十金。民怪之，莫敢徙。复曰："能徙者予五十金。"有一人徙之，辄予五十金，以明不欺。卒下令。——编者注

第三，变革点成效能够快速被看到。选取的变革点应该是能快速取得收益而且收益能被明显看到的，这样就具备了较短的变革周期内就可以传播的条件。

新官上任是"三把火"，变革速赢不需要这么多，一般点一把有力的火就行了，速赢在精而不在多。当然了，如果变革分成多个阶段，例如一个大变革下每年都有一个重要的变革子主题，那可以在每年新的主题启动时再"点一把火"。

一个案例

华为销售领域的CRM变革是一项浩大的工程，很多人的惯性思维是销售工作靠的是销售能力，是一门艺术而不是一门科学，变革启动时甚至引发了质疑：销售领域有必要建立科学的流程吗？会不会把大家的手脚都限制住了？

为了建立大家对销售领域变革的信心，CRM变革先推出了一个工具叫OQT（机会点验证工具），就是一个Excel，但很好地帮助到了一线，因为以前验证机会点是否可以立项都是靠感觉，现在一线人员发现有科学简单的方法支撑还是很有效的，于是认识到销售领域做变革也是有意义的，是有可能成功的。

打造样板点

QuickWin 速赢的优势是见效快，但因为其变革内容只是整体变革中的一部分，不足以完全建立变革成功的信心。

如同地产商卖房子，为了让顾客亲身体会到房子的质量，建立起对地产商的信心，一般会打造几套样板房让大家身临其境地体会。

变革也一样，为了让被变革者看到变革能给整个企业和业务单元带来实实在在的收益，建立起变革的信心，一般也会打造几个样板点。如果是研发的变革，样板点的单位可能是某个产品；如果是销售的变革，样板点的单位可能是某个区域；其他业务领域类似。

选取样板点时需要考虑几个因素。

第一，样板点要具有代表性。样板点要能够覆盖主要的几种业务场景，样板点成功了，说明相似业务场景的其他业务单元也可以成功。

第二，变革方案与样板点的匹配度高。变革方案可能是分业务场景输出的，因此务必确保已有变革方案能覆盖样板点的业务场景，以确保样板点建设过程中方案的适用性。

第三，样板点的一把手有强烈的意愿。变革是一把手工程，因此落地业务单元的一把手的全力支持对落地获得成功至关重要，必须选取业务一把手有强烈意愿的变革单元作为样板点。

第四，样板点的变革准备度高。只有意愿是不能保证落地成功的，落地业务单元的条件也很重要，例如经营情况、落地资源、业务复杂度等，要选变革准备度最高的。

样板点是只能成功不能失败的，否则会打击其他业务单元的信心，也会严重打击变革团队自身的信心。

为了确保样板点的成功，一般会为每个样板点配备一个专职的强有力的变革支持团队，和样板点业务部门自身的变革小组一起在统一的指挥下协同运作。这样在变革落地过程中，无论是变革项目组的问题还是一线的问题都能够快速得到响应和解决。

样板点的建设过程也要遵循科学的变革推行方法，例如按照"准备—实施—关闭"三段论开展，一方面可以在样板点建设的过程中完善变革方案，另一方面可以建立完整的推行方案包，以支持后续在组织中广泛推行。

样板点不一定一次性完成，也有可能分步打造，例如第一阶段是不带IT的业务流程和组织变革，第二阶段才将IT上线。注意业务变革在一线落地的前提条件是相应的组织和人员配置到位。

华为在1999年开始推行IPD变革的时候，先在固网、无线等几个主要的产品线各选了一个产品开发团队来打造样板点，并为每个样板点产品开发团队指定了一个对口的专家予以支持。在样板点打造的过程中，及时总结经验教训，并将取得的实实在在的业务变革成果及时传播出去，使整个组织都能及时了解样板点的收益，建立起了大家对IPD变革的信心。

鼓舞先锋队

第一批吃螃蟹的人是需要勇气的，同样，第一批支持、尝试变革的人也是需要勇气的，我们要让他们的勇气受到鼓舞，以带动越来越多的人像他们一样，也加入到支持、尝试变革的队伍中来。

我们奖励什么，就会得到什么。在变革取得阶段性成果的时候，及时予以表彰、传播，会很好地感染变革团队和被变革者，以提升他们对变革成功的信心，从而更加支持变革。

鼓舞先锋队的工作要从目的出发，从整体将会获得的长远利益出发，要的是传播效应，不要过于计较短期的成本，以免过于寒酸伤了先锋队的心。

如同千金买马骨一样，鼓舞先锋队建立的是信心，而对于困难的变革工作，组织中的信心是无价的。要让大家看到积极支持变革的好处，感受并传播变革的收益，使胜利的信心传播到组织中的每一个角落。

可以鼓舞的内容包括：变革中的贡献、变革取得的收益、对变革的支持。

可以鼓舞的对象包括：变革成员（或团队）、变革践行者（或践行团队）、周边支持者（或支持团队）。

选取鼓舞的对象时要注意适当高低结合，既要有高级主管，也要有基层员工。如果领奖的都是领导，员工会觉得心里不舒服。如果领奖的都是员工，其他未变革的主管会觉得变革和自己没关系。

可以采取的鼓舞形式包括：事迹宣传、团队表彰（奖牌、多元化奖金、关键的阶段性胜利的仪式等）、个人晋升（职级、岗位等）、团队建设活动等。

在一个大规模的公司中，员工们都不一定能经常见到公司的最高层管理者，有时候高层座谈、合影等都是可以考虑的低成本的鼓舞形式。一切有利于鼓舞先锋队士气的手段都是可以采用的。

要注意的一点是，我们既要让鼓舞先锋队的工作具有传播效应，也要从受众的角度出发，避免给人留下变革华而不实、哗众取宠的印象，要适当注意其中的灰度和平衡。

以身作则

在任何一个新的机制推出时，大部分员工首先持有的态度是观望，一般先看领导是否支持，然后根据领导的指示进行下一步的行动，因此，在建立变革信心的阶段，管理者以身作则就具有了重要意义。

在华为，有句话叫"谁造的降落伞谁先跳"，因而我们会先要求各级管理者率先体验新的变革设计，这种率先体验的过程既可以帮助验证变革方案的有效性、易用性等，更是向团队成员明确变革态度的重要举动。

在华为有很多类似的故事。我印象比较深刻的是，有一次在向任正非汇报变革专题时，他说"变革是为公司做了贡献的，你们应该找公司要一些变革专项奖金啊"，于是我们兴奋地做了方案，又去找他汇报，他说你们要的太少了，应该多要一点，我们愈发开心了，接着他又补了一句"不过我说的是不算数的，你们要去向HRC（人力资源委员会）正式汇报申请"。

其实任正非在很多场合都有类似的发言，因为他的追求本就是把华为打造成一个不依赖于任何个人的伟大企业，因而在他的心中，制度的权力大于任何人，包括他自己，这只是他对公司所有人做的众多言传身教中的一次而已。在华为为什么大家能对管理如此重视，任正非的示范发挥了至关重要的作用。

如果一个企业期望通过变革构建起有效的企业管理体系，企业家自己就必须带头放弃"人治"而敬畏"法治",把按已定的制度与流程办事作为自己的基本行事准则,这样就会让企业中的全体员工对管理充满信心。

商鞅变法中有一段类似的故事,讲秦国人好勇斗狠、私斗成风。在新政推行初期,有一次几个世族因为争抢水源又发生了大型私斗造成重大死伤,如果按照已颁布的新法需要处死很多人,秦孝公于心不忍,希望特赦一些人,但最后还是接受了商鞅的观点,自此以后新政被国民所敬畏,再未发生过私斗事件。

为什么战国时期那么多国家变法,最后只有秦国真正成功了?那是因为秦国的变法最彻底,自变法后,皇亲国戚犯法与庶民同罪,因而新法能让所有人敬畏而得以彻底落地。在企业也是一样,如果企业推出新的管理机制时,领导们自己不遵守或者绕行,下属们就会认为这个变革又是走过场的,没有必要认真执行,这样的话对赢得变革信心是很不利的。

对于变革成果,企业中的管理者除了自己带头使用,还可以艺术性地要求下属使用,以此引导大家对变革的信心。在华为,很多时候管理者们都会主动询问下属是否使用了新的模板,这样做是否符合新的流程要求等。这样的态度就会在下属中形成正能量,让大家相信变革是要来真的,并不只是走个形式。

记得有一次我们举办一个全球性的变革研讨会,华为轮值CEO也在场,有一个地区部COO(首席运营官)在会上向轮值CEO抱怨新的IT系统不好用,但当轮值CEO问他"这个IT系统你用了多少次?具体哪个环节不好用?"的时候,地区部COO竟无言以对,后来没过多久这个COO就被撤掉了。

作为组织中的中坚力量，我们的一言一行都会对下属产生心态上的影响。这个例子中的地区部COO作为管理者不去体验新的变革设计，不去给下属们做好表率，却只是道听途说并且在公开场合为了抱怨而抱怨，影响了变革氛围，确实不是一个合格的管理者，也不符合公司的干部导向。

其实，在这个例子中，对于所研讨的变革，参会的轮值CEO并不是其赞助人。从这次互动中我学习到的是，作为公司的一个高层管理者，对待变革首先必须做到态度上积极支持，有机会的话还应该率先体验。如果没有确切的证据，不要轻易否定组织既定的方向，不然就会带领团队进入负能量的变革氛围。

第七章　赢得变革信心

阶段性宣传与庆祝

正如"酒香也怕巷子深",即使是一个好的变革理念,或者已经取得了不错收益的变革,如果没有传达到广大的干部、员工的心中,也很难有好的变革氛围和成功的信心。

变革本身就是一个转变人的意识、行为的过程,因而每个主导者都应利用一切机会与他人沟通、宣传变革。从整个项目的角度,还应制订明确的变革沟通宣传计划,通过阶段性的宣传、庆祝活动影响、感染组织中的所有人。

可以采取的形式包括:定期的变革理念贴士宣传、定期的变革方案贴士宣传、定期的变革收益贴士宣传、定期的变革 News Letter(时事快递)宣传、印制变革宣传册、印制变革手册、举办阶段性的变革成果庆祝活动等。

实际上,在一个持续时间较长的变革中,组织中的成员很容易患上变革疲劳症,我们应对这种现象予以关注,通过有针对性的宣传、沟通、庆祝等活动激发大家继续变革的动力和信心。

在华为,每个大的变革项目组都会在 PMO 下成立一个变革管理(Change Management,CM)工作组,专门负责变革的沟通、宣传、培训、教育、利益关系人管理等工作,大的变革宣传或庆祝活动也都由这个工作组负责。

在变革方向基本明确后,每周都会发一两次宣传邮件,以系列宣传的方式讲述变革的目标、收益、方案要点等,并将其放到公司及领域的公告牌上，以营造变革氛围。在进入推行阶段并取得成果后，变革的宣传频次会更高一些，内容上会再加上一线试点或推行落地后取得的变革收益、一线的心声等，覆盖范围也会更广一些。

由于高科技企业中每个人的工作都很忙，邮件或者公告的形式不一定能获得员工的关注。为了达到更好的宣传效果，对于重大变革很多时候还会发动更高层级的领导站台，比如请领导撰写与要推进的变革相关的文章，讲述个人对变革的认识以及变革会给公司带来的收益等，这样往往能为变革带来更大范围的关注和信任。

在华为，变革是一件大事，每年年末或新的一年开始时，华为公司都会举办变革的专题性颁奖活动，由轮值CEO代表公司管理团队参加表彰，肯定变革的成绩与贡献。实际上对于大型的尤其是公司战略级的变革，还会举办专题性的变革庆祝活动，与变革相关的业务部门主管也会参加。

任正非说"文化权与思想权是最大的权力"，与之相对应的就是转变他人的文化与思想是一件很难的事。心理问题是最大的问题，宣传与庆祝工作做得好坏会在很大程度上影响组织对变革的信心，我们应予以高度重视。

案例（华为）：全力以赴，打造样板点

无论是 IPD 变革，还是 LTC、ISC 等变革，华为都严格遵循先试点后推行的策略，因为华为变革的"七个反对"中有一条就是"反对没有充分论证的流程进行实用"，否则给企业或组织带来的变革风险会是巨大的。

对于华为来说，LTC 是从线索到回款、端到端贯穿公司运作的主业务流，承载着公司大量的物流、资金流和人力投入，是公司级面向客户的主业务流程之一，因而 2008 年开始的 LTC 变革自然成了华为最重要的变革之一。

为了确保 LTC 变革方案经过全面的检验后再推行，华为选定了业务场景最复杂、业务规模也基本上是海外最大的印度尼西亚代表处作为 LTC 变革的试点代表处（另一处在德国），全力打造 LTC 变革的样板点。

在变革的现状诊断阶段，LTC 项目组就派由最重量级主管组成的工作小组前往印尼，曾任华为研发体系总裁、IRB（投资评审委员会）主任等公司高管岗位的费敏为此在印度尼西亚待了几个月，为 LTC 变革的设计提供了很多重要输入。

在变革的方案设计阶段，项目组并没有追求一次完成所有工作，而是以质量为重，将方案设计分成两部分，首先聚焦于生成和管理线索、管理机会点、管理合同履行等 LTC 的主流程及其角色、管理体系设计，第二部分再开展剩余的销售目标、销售预测、规划与管理项目、专业评审等流程设计。

针对上述两个部分，项目组都会先在深圳在顾问指导下

进行详细的设计准备工作，这种准备也是为了提升在一线的工作效率，以减少对一线的打扰。在职能部门完成准备工作后，再派出包括顾问在内的重量级小分队，分别前往印度尼西亚和德国，在当地开展设计工作，以使设计出的方案更加匹配一线的业务诉求，之后再回深圳进行设计汇总、评审、汇报与定稿等工作。

当相关方案既符合一线诉求，也符合销售与服务体系管理团队、公司级变革指导委员会等对LTC变革的设计期望时，新的LTC管理体系才能正式在德国和印度尼西亚两个试点代表处开始试点运作。

当印度尼西亚试点正式开始时，LTC项目组有生力量中的关键人员再次回到印度尼西亚一线，亲自参与印度尼西亚的试点工作，以确保试点中的问题、困惑、建议等都能及时了解并予以反馈。如此重视样板点代表处的原因在于，华为变革的惯例是必须确保样板点成功，这样才能极大地鼓舞其他代表处的变革信心。

华为各一线代表处在销售、服务等经营业务的运作中因调用职能部门资源而产生的成本都是要由代表处承担的，这样的目的是避免一线随意调用资源。但是，在变革样板点打造的过程中，前往一线的众多专家资源的所有成本均由职能部门承担，这也是为了赢得变革信心而给予代表处的特别待遇。

在打造LTC样板点的过程中，一线与职能部门协同的变革管理组会及时向全球传播LTC变革的现场图片、变革进展、变革收益、一线的感想等各种对树立全球 LTC 变革信心有利的内容，使大家感受到变革的氛围，进而构建起 LTC 变革能成功的信心。

从以上 LTC 样板点打造的过程中我们可以看到，华为在变革过程中首先追求的是质量，其次才是效率，以确保变革每一步都走得扎实。对于华为来讲，大的变革必须一次成功，样板点更是这样。

案例（B 公司）：样板点选择不当导致变革受挫

B 公司是一家研发、生产、销售两轮、三轮等电动车的公司，产品已销往很多个国家，主要是代理、分销模式。

随着全球互联网电商等行业的兴起，电动车市场也获得了长足的发展，公司取得了相对不错的业绩。为了构建进一步的竞争力，公司启动了管理渠道与合作伙伴关系（以下简称 MPAR）相关的变革。

公司对 MPAR 变革很重视，变革项目主管由市场部总裁担任，于是变革项目主管选择了由自己的坚定支持者、当时某国代表处的总经理回国担任项目负责人。在与项目主管沟通了项目期望达成的目标后，负责人对项目提出了自己的看法，因主要作战场景在各个国家的销售一线，如果变革能够直接在一线开展，变革成果就可以更好地符合一线业务需要，变革项目主管接受了负责人的建议。

项目如期启动。负责人认真分析了公司在各个国家的业务状况、业务潜力、变革能力准备度等情况后，计划采用由难到易的变革策略，把主要国家先攻下来以构建大家的变革信心，由此提出将变革的主战场定在Y大国的变革建议，市场部总裁有些犹豫，主要担心业务受到影响，但最终还是同意了。随后负责人与Y国代表处总经理进行了沟通，该总经理表示今年业务压力很大，而且Y国业务对公司经营影响大，不太希望承担此任务，但负责人还是说服总裁强压着Y国代表处接受了。

项目正式开始，通过全球视频连线召开了正式的开工会，负责人意气风发地介绍了项目愿景、宏观目标等，Y国代表处总经理也做了简要的发言，但是大家未注意到他并不是很积极，最后由市场部总裁做了总结动员，随后变革大部队赶往Y国代表处，Y国代表处也按要求抽调了多人（部分是兼职）参与到变革的设计中。

项目正式推进。因变革开始时并没有系统的方案，需要在本地结合各种业务场景进行设计，和Y国代表处的各团队产生较多的互动，不可避免地对Y国的业务产生了一些影响，Y国代表处总经理也是有苦难言。过程中还发生了一件事：因Y国所在地区的总裁身体不太好，希望调回国内，Y国代表处总经理心想这正是摆脱当前局面的好机会，于是四处活动，因负责人和总裁关系很好希望负责人也帮忙说说话，但负责人未提供任何实质性帮助。

项目继续推进。方案落地的情况尚可，通过边抓流程、边抓渠道赋能、边抓渠道激励等方式，与渠道的合作更顺畅

> 也更职业化了，但问题是近半年的大规模的变革推进确实对Y国代表处当期的经营产生了影响，年度收入、利润等未达标，并直接影响了Y国代表处的年度绩效和总奖金包等。
>
> 在随后的公司年会、各单位年度业务规划与述职等工作中，Y国代表处总经理在多个场合表示，MPAR变革构建的新的工作方式对业务并不能产生积极的作用，并表态MPAR变革已经影响到了在Y国的业务，希望公司考虑此影响并对Y国代表处的评价和激励结果适当调整。项目负责人对此坚决不接受，双方在多个场合发生争执，直接影响到了其他代表处后续推进变革的信心。

启 示

不能说负责人选择Y国代表处打造样板点的变革策略是完全错误的，毕竟该代表处具备更好的变革能力准备度和业务代表性，但是如果样板点业务一把手没有强烈的变革意愿会带来极大的风险，那就是，即使变革是成功的，也可能会因各种各样的原因被否定，如果必须选该代表处也应先解决其业务一把手的意愿问题。

项目负责人作为变革主导者最大的问题是完全从自身出发，自始至终只是追求自身的成功而没有追求与样板点业务一把手的双赢，这样的胸怀很难让变革成功。实际上Y国代表处的成功在一定程度上就代表着项目负责人的成功，鼓舞先锋队、提供必要的政策支持等本身就是变革赢得信心的有效实践。

8

HUAWEI

第 八 章
固化变革成果，防止"回潮"

LTC变革不光是流程建设,也要关注组织建设。变革有了阶段性成果,下一步要重点考虑队伍建设问题。要建立一个正确的价值评价体系,合理分享利益,巩固好变革队伍和变革成果。

LTC变革落地后,我最担忧的就是"回潮"。如果没有IT支撑,变革就容易产生倒退、"回潮"。我们一定要逼着IT超前往前走,把工具齐全化,就是你一上网就是IT了。

(来源:《任正非在变革战略预备队进展汇报座谈会上的讲话》,任正非,2015年)

取得短期的成果后，作为变革的领导者，需要思考变革成果如何能够持续发挥作用，完整实现变革愿景与目标。

一次成功并不能保证持续成功，要确保持续做正确的事最好的手段就是把成功的方法总结出来形成流程供二次调用，我将其命名为方法流程化。

流程的有效执行者是流程中定义的各个角色，但最终的承载者是组织中的人，角色需要与组织有效衔接，我将其命名为角色组织化。

流程执行中传输和处理的都是数据信息，要实现高效的处理和自动化流转，最好借助于技术化的IT手段，我将其命名为流程IT化。

流程告诉了我们要做什么以及大概怎么做，但是效果还依赖于执行流程的能力，我们需要通过平台去逐步构建，我将其命名为能力平台化。

业务在持续发展，环境也在持续变化，我们需要持续监控流程绩效，优化和完善流程以适应新的业务诉求，我将其命名为改进持续化。

如果我们能做好以上五项工作，我们的变革成果不但能固化，而且能持续进步，总结起来就是五化：方法流程化；角色组织化；流程IT化；能力平台化；改进持续化。

方法流程化

什么是流程？流程是对业务流的一种描述。企业只要存在自然就具备了业务流，例如研发产品、销售给客户等都是业务流，不同企业的差异只是是否把业务流书面化为流程文件而已。

ISO9000给流程的定义是"流程是一组将输入转化为输出的相互关联或相互作用的活动"，迈克尔·哈默给的定义是"流程是把一个或多个输入转化为对客户产生价值的输出的活动"。综合起来我的想法是"流程是一组为客户创造价值的活动"，相对简明且强调了客户价值创造这个重点，它描述的是执行业务的规则和路径。

当我们将做事的方法流程化后，它的好处是什么呢？

举个例子，在方法流程化前，员工们的工作能力有高有低，可能最高的可以打90分，普通的60分，低的只有20分，平均水平为40分。方法流程化帮助我们把能得90分的群体的优秀作业实践（如果是全新的业务，公司甚至业界都从来没有实践过，那也有可能是设想）进行了总结和固化，然后大家都按这个流程执行，这样平均水平至少能提升到70分，这对组织的意义是巨大的，这就是方法流程化的作用。

我们不能为了流程化而流程化，比如得90分员工的最佳实践是某个业务流由5个环节组成，我们非要把它写成7个环节以显得自己很专业，或者一定要缩减到3个环节美其名曰提升效率。如果业务模式没有发生改变，那它最终还是会慢慢地回到5个环节，因为那个方法已经被证明是最有效的。

流程要反映业务实质，从业务场景出发，提升从客户到客户的端到端的全流程作业效率。客户是不会为不增值的、低效的流程活动买单的，因此流程要以客户为中心，实现从客户需求到客户满意的高效贯通（这里客户的概念既包括外部客户，也包括内部客户）。不为客户创造价值的流程、组织、员工都是多余的。

一个优秀的流程应该是可管理、可控制、高效率、易沟通的。可管理要求流程有清晰的层次结构和明确的绩效指标，以便于确定责任；可控制要求流程有清晰的阶段划分和明确的阶段交付，以便于控制质量；高效率要求流程简洁明了、协同方便，以实现及时准确低成本的客户交付；易沟通要求流程有清晰的角色职责和统一的术语定义，以便于传播和使用。

具体到企业实操，一般会把流程按层级管理，例如华为将流程分成L1–L6六层，L1是流程分类（例如人力资源），L2是流程组（例如人才管理），L3是流程（例如绩效管理），L4是子流程（例如绩效辅导），L5和L6分别是活动和任务。统一了这个概念后，企业的各流程定义就有了共同语言，也便于分层分级明确责任和权力。

为了与流程配套使用，一般会围绕流程拟制以下三种文件：

操作指导书：主要对流程的每一个环节进行详细说明，包括每个活动/任务的角色、活动/任务工作说明、度量指标等。

交付件模板：供流程活动输出时参考使用，有时候还会辅以样例，目的是规范输出并提供参考以提升效率。

检查表（checklist）：用于流程关键控制点（非必需），指导自检、审核或决策。

按照以上基本步骤把方法流程化后，我们就实现了经验的固化，使企业可以用规则的确定性应对结果的不确定性。

第八章　固化变革成果，防止"回潮"

角色组织化

流程中的活动/任务是由流程中定义的角色执行的,但是角色如果不能和组织有效衔接起来,就会飘在空中无法落地,结果就是流程无法得到有效执行。

要实现流程角色落地,就要将组织中的岗位与流程中的角色有效匹配,这一点至关重要。任正非说:企业管理的目标是流程化组织建设,其核心就是组织中的岗位与流程中的角色实现有效衔接。如果岗位找不到相对应的流程角色,那么这个岗位就应该撤销。如果所有岗位都与流程中的角色高度匹配了,那么所有岗位上的人就都能按流程运作,组织也就成了一个流程化组织。

要注意的是,角色和岗位并不是一一匹配的关系,而是多对多的关系。例如一个研发部门的总监,他既承担人力资源流程中的部门主管角色,又承担研发流程中的研发主管角色,这就是一岗位对多角色。再如某一层组织中的多个部门总监可能都担任了该层组织管理团队的委员会成员这个角色,这就是多岗位对一角色。

如果角色和岗位多对多的关系过于复杂,那么岗位上的人就很可能因为承担了多个流程角色而分身乏术,或者因为要学习掌握的流程太多而降低了流程执行的质量。如何破解这个问题呢?我认为角色组织化是最好的解决办法。

角色组织化主要包括以下几项工作。

第一,流程中的角色类型要尽量精简,例如对多个流程阶段有一定工作承继性的角色要前后拉通，尽量让同一个人承担不同阶段相同工作的角色，不能因为阶段不同就设计出多种不同的角色。对于同一个流程阶段，能够合并的角色也应合并。

第二，组织中的岗位类型要尽量精简，不能因人设岗、不能因技能有一点点差异就把岗位切分得太细，例如把软件工程师岗位进一步切分成 C 语言软件工程师、Java 软件工程师等。

第三，岗位与角色最大限度逼近一对一匹配，当然这是在不考虑员工、主管这种组织中通用角色的情况下。围绕最大限度逼近一对一的原则，我们就能优化岗位设计、角色设计，实现岗位的整合、优化、撤销，还有角色的整合、优化、撤销。

理想的情况下，经过以上三步，角色基本上就成了组织中的一个岗位，我称之为角色组织化。例如，产品开发流程中的软件工程师角色也是研发组织中的软件工程师岗位。当然，完全的角色组织化是不可能实现的，但是如果掌握了这个理念并去实践，最终就既能优化流程，也能优化组织。也许我们只能实现理想状态的 60%，但是对组织效率的提升作用会是巨大的。

流程管理之父迈克尔·哈默认为，企业管理的核心是流程，也就是一套贯彻始终的共同为客户创造价值的活动，同时，企业之所以缺乏竞争力，是因为组织分工理论将一个连贯的流程分割为多个支离破碎的部门，束缚了员工的积极性、主动性和创造性。我也很认同此观点，最大限度地实现角色组织化，能很好地改变这种现象。

我还在华为公司的时候，某个部门来找我沟通他们的流程设计，一开始设计的流程角色多达十五六个，经过审视和指导，重新设计后流程角色拉通精简到六个，相应地，优化后的流程也实现了大幅简化，这种优化将会大大提升组织的后续运作效率。

流程 IT 化

流程是以文档形式存在的,而文档和执行者之间并不存在绑定的关系,如果执行者的意识和行为尚未转变,流程就很可能得不到有效的执行。如果能够实现流程 IT 化,那么流程就成了绕不过去的环节,因为 IT 系统不执行是无法进入下一个环节的,所以流程 IT 化的第一个好处是能够确保流程得到有效执行。

因为流程执行中传输和处理的是数据信息,而存储、处理、流转数据最可靠也最高效的是计算机技术和工具,在企业中一般把这些技术和工具统称为 IT 系统(包括生产 IT、办公 IT 等)。实际上除了存储、处理、流转这些基本的功能,人工智能技术的快速发展也为 IT 插上了翅膀,使其能完成很多人工无法完成的工作,例如用于简历搜索的智能化分析与匹配技术。所以,流程 IT 化的第二个好处是能够提高流程执行效率,而且大大降低错误率。

我们来看京东的一个案例。京东因业务量大,在麻涌分拣站配置了 300 名工作人员负责分拣货物,但大家的工作压力依然很大,既怕捡错站,又怕捡不及。后来,引入了 IT 自动化分拣机器人,将之前需要人工处理的验单、拣货、扫描等全部交给机器人处理,人工作业环节从 6 个减少到 3 个。IT 化后不但提升了分拣的质量,工作效率也大幅提升,第一阶段变革完成后分拣人员从 300 人减少到 40 人,效率提升率达到 86%。

既然流程IT化有这么多的好处，我们是不是应该把所有的流程都IT化呢？答案是否定的，并不是所有的工作都适合IT化，有时候IT化后反而会降低流程作业效率。

以年度调薪工作为例，通常的流程环节可能包括：薪酬包测算—下发调薪包—部门主管建议—上级主管审核—管理团队审议。以管理团队审议为例，审议时可能会基于级别、绩效、所属团队等不同的维度以及维度的组合进行多角度审视，审视的时候有的主管可能现场就会标识调整值，有的还会打问号导致无法自动计算，不同的管理团队审议的习惯也不一样，这种情况下调薪的IT就很难设计。如果贸然上线，要求必须在线上审议，会因脱离实际而被业务主管强烈排斥。

要将流程IT化有三个前提条件。

第一，流程业务规则清晰明确而且不会经常改变，否则IT人员将陷入频繁的IT系统修改和优化的泥潭中，客户的满意度也会极低。

第二，用户规模要达到一定的数量，例如至少10人且越多越好，否则上线和维护此IT的成本可能远高于IT上线带来的收益。

第三，流程IT化后要能提升效率和质量，不能为IT化而IT化，有时候使用办公软件的效率可能不亚于IT化的效率。

在符合以上三个条件的基础上，如果企业又具备相应的经营条件，那么最好实施流程IT化，毕竟IT化后对固化流程执行、提升流程效率和质量等都会有巨大的帮助。

实操中，并不推荐企业经常自行开发独特的IT系统，因为不仅开发成本高昂，而且往往会因企业的IT人员能力有限导致开发出的系统不具备业务可扩展性、IT可集成性等，造成维护和升级困难，且一旦开发相应系统的IT人员离职，系统可能就会面临无人了解的状况。企业应尽可能采用在业内认可度高且应用广泛的软件。

实际上，"使用Office—购买SAAS（软件服务化）—购买软件包—自研IT"是我对大多数企业在流程IT化工作上的建议路径。当然，如果具备足够的IT化能力和资金，自研IT也未尝不可，毕竟自研IT更便于匹配企业独特的业务诉求。

能力平台化

我们回到前文讲的方法流程化后员工的平均水平从 40 分提升到 70 分的例子，为什么改进后平均分不能达到最佳实践者能拿到的 90 分呢？这是因为可能最佳实践者得的 90 分中有 20 分不是流程所发挥的作用，而是和能力有关，而这恰恰是很多对管理理念理解不深刻只重视流程的管理者会忽略的要素。

实际上，流程是原则上应得到执行的，这个特点就决定了它不可能足够详细，尤其对于脑力劳动来说，也不应足够详细，否则就会捆住大家的手脚，很难有好的结果，而且会打击脑力劳动者的劳动积极性。

流程只会告诉我们要做什么以及大概怎么做，可能还会提供流程指导书、模板、检查表等辅助文档，但是同样的模板不同的人去填写其输出质量是不一样的，同样的，不同的人使用检查表自检发现的问题也是不一样的，这是因为不同的人能力是不同的。

我们是否能将得 90 分的最佳实践者的能力变成所有人都具备的能力呢？答案是肯定的。实际上组织中的每个人都是有"娘家"的，这个"娘家"就是员工个体所对应的角色/岗位的职能平台部门。作为平台部门，其核心任务并不是作战，而是"供应资源＋构建能力"。是否能让所管理的岗位群的作战能力提升，应为平台部门及其负责人最重要的绩效考核指标之一。

我们应该围绕流程，将每一个角色/岗位需要的能力模型系统性地识别出来，分析其中最重要的能力和最短缺的能力分别是什么，由角色/岗位对应的平台部门制定出相应的能力提升计划、开发相应的能力提升工具，并一步步付诸实施，使平台成为真正的能力平台，我称之为能力平台化。

当然，能力提升工作也要考虑投入产出比。例如某岗位群的人数特别少，那为此岗位群开发课程并培训的投入产出性价比就不高。我们应优先聚焦于组织的核心岗位群，聚焦于核心岗位群的核心能力，再逐步扩展到更多的能力和更多的岗位群。能力提升工作也不只是通过课堂上的培训和训练完成的，学习模型中有一个721法则，它认为70%的能力来自实战，20%的能力来自非常规培训（如向导师、同行学习），10%的能力才是来自常规培训，因此如何利用好实战和非常规培训提升能力也是应充分考虑的。

有些企业开展的胜任度模型、任职资格管理等形式的工作与能力平台化有一定的关系，但是遗憾的是很多企业的任职资格等工作都将方向搞错了，就是把任职资格工作的重心放到了对人的能力的评议上，而不是为人的赋能上。在一个企业中，能力是不应该被激励的，被激励的只应是价值创造。即使是一个天才员工，如果没有做出成绩或创造出价值，对企业也没有任何意义。

当能力平台化工作的重要性被企业意识到之后，企业中的每一个岗位群的能力提升工作就是系统性的、高质量的、一步一步扎实推进的，流程执行的能力也进一步赋能了流程作用的发挥。即使每天只能进步0.1%，一年下来其综合收益也是巨大的。

能力没有平台化会怎样呢？结果就是能力提升工作开展得无

序、混乱、低质。例如有的方面被重视，有的方面不被重视，有的开发，有的购买，打一枪换一个地方。这种无序混乱的状态不只会导致当期的效果不好，还会引起员工的强烈反感，本来业务就很忙，还要参加没有收益的培训，未来即使有好的课程、工具，很多员工也不再有兴趣学习、提高，进而影响到员工长期的能力提升。

第八章　固化变革成果，防止"回潮"

改进持续化

在变革成果大规模推广的过程中，因业务、组织、人员间的差异，不可避免地会遇到一些"水土不服"的状况。另外，随着时间的推移、业务的发展、环境的变化，原有的变革设计也会面临新的业务诉求。变革从形式上落地到意识、行为完全转型取得最终成功是需要一个较长的时间周期的，必要时可辅以组织与个人绩效考核的压力予以引导与辅助执行。

在这个过程中，我们首先应做好相应的变革绩效度量监控的工作。这个度量既包括过程（例如流程是否完备、数据是否清晰、IT是否易用、变革设计是否得到执行等），也包括结果（例如作业效率是否提升、经营绩效是否改善等）。通过变革前后的度量数据对比，我们就能发现变革中存在的问题、改进的方向。

以华为为例，无论是IPD变革，还是IFS、CRM变革，都会有一个TPM（Transformation Progress Measurement，变革进展测评）的指标，采用五分制来衡量变革推进的过程状态，一般达到3.5分以上才算是达成了变革的过程目标。

当然了，更加重要的是变革要为企业带来实实在在的收益，这个收益就是从客户需求到实现客户满意、从战略意图到执行高效落地，其衡量的标准是"多产粮食"和"增加土地肥力"。"多产粮食"包括订货、收入、利润、市场份额、销售回款等，"增加土地肥力"包括战略贡献、客户满意、运作效率提升、经营风险降低等。

很多企业认为自己的变革都是成功的，而判断变革是否真正成功最好的办法就是收益度量。要用数据说明成功之处，而且还要看这个数据是稳定表现还是昙花一现？变革成果不能只看做了多少事，改变了多少东西，因为实际上很多变化都是无用的。例如，很多企业高管热衷于组织调整，虽频繁调整但此前的企业战略、业务组合、客户、流程等并没有发生大的变化，那组织为何要调整呢？这种情况下组织调整其实只是变成了高管们争权夺利的工具而已，对组织是没有任何价值的。我们还要特别防范一种变革中常见的欺世盗名的现象，那就是变革设计方案并未对目标形成强有力的解码和支撑，成果度量时却把组织的各种业务收益和变革贡献挂起钩来。

通过度量和监控我们就能发现变革的问题，进而采用运营的 PDCA 循环方法去持续改进变革设计。PDCA 循环方法并不复杂，甚至看起来很简单，实际上我曾一度怀疑 PDCA 循环方法是否真的这么重要，后来，当真正理解了 PDCA 循环方法后，我就发现了它的巨大作用，PDCA 循环方法其实不是一个环，而是一环接一环，它的核心是每一次循环都在执行环节把"方法流程化、角色组织化、流程 IT 化、能力平台化"的成果固化下来，使我们的今天比昨天好，明天比今天好，变革想不成功都难。

度量是有一定的延时性的，尤其是结果的度量，因为绩效产生需要时间，度量也是有成本的，组织不可能将度量覆盖到组织的每一个角落。为了规避这些"缺陷"，我们应辅以全员参与的持续改进方法，通过鼓励全员参与，在过程中就能及时发现组织依旧存在的各种问题，对于小的变革缺陷及时实施改进，对于大的变革需求纳入下一次的变革版本规划，从而驱动变革的持续良性运转。

当然，全员参与也有其缺陷，那就是大量的员工因经验的不同、能力的不同、视野的不同，提出的意见质量参差不齐。我们应鼓励员工先理解执行，提出建议前要深思熟虑，且对公司已有较好的了解并具备了一定时长的实践经验。"小改进、大奖励，大建议、只鼓励"是我们应有的持续改进文化。

最后一项重要工作就是，如果变革已经取得了较好的成果，我们应该对变革中的主要贡献者做出应有的变革激励和合适的收益分享。组织奖励什么，就会得到什么，这种激励和分享既是对当期的变革贡献者应有的回馈，更是对组织长期持续改进文化的鼓舞和牵引。

如果变革特别成功且组织收益巨大，组织就应树立几个因为变革而升职加薪的标杆人物，其他贡献者也分别论功行赏。变革标杆人物的两个典型特征是贡献巨大，收益也巨大，这样下一次变革时组织中最优秀的高级主管和人才也就会更加积极主动地参与进来，并在变革中申请承担重要责任。在华为，有的业务主管会因为变革中的积极贡献而连升三级，带来的组织传播效应是巨大的。

完成了这些工作，变革就可以正式结束了，但是千万不要让它悄无声息地结束，不能虎头蛇尾。对于重要的变革，务必举办正式的相对高大上的变革关闭仪式。

第一，应邀请公司层面的主要高级管理者、强相关的业务代表、下一步可能变革的其他领域代表、本次变革全体成员等参与。

第二，应在仪式上呈现变革愿景、目标达成情况，变革给公司带来的关键收益。如有必要还可以简要描绘下一步变革蓝图。

第三，应在仪式上开展变革表彰活动，并有高层领导的总结发言。

新的变革必将成功开始！

第八章　固化变革成果，防止"回潮"

案例（华为）：有效落地"五化"，固化 IPD 变革成果

华为的 IPD 变革 1999 年 3 月正式启动，最开始是在三个 PDT 试点，至 2001 年才发布《华为 IPD 管理体系指南 V1.0》，2002 年构建 MM（市场管理）1.0、2004 年发布客户需求管理流程 1.0、2006 年发布 SP（战略规划）、解决方案开发流程、2009 年发布 BP（年度商业计划）和 RDP（路标开发）流程，至此 IPD 研发管理体系才算基本完善，走过了一段稳妥而又扎实的变革历程，因此可以说华为 IPD 变革是十年才成型。

华为向 IBM 学习的 IPD 变革最开始其实只包括八个关键要素：结构化流程、跨部门团队、项目及管道管理、业务分层、异步开发与共用基础模块、产品包需求管理、投资组合管理、衡量指标（Metrics），后来才逐步引入诸可性（DFX）质量标准、面向技术的产品开发流程（TPD）等。为了方便大家理解，我将其用通用语言总结成变革框架供大家参考，如图 8-1。

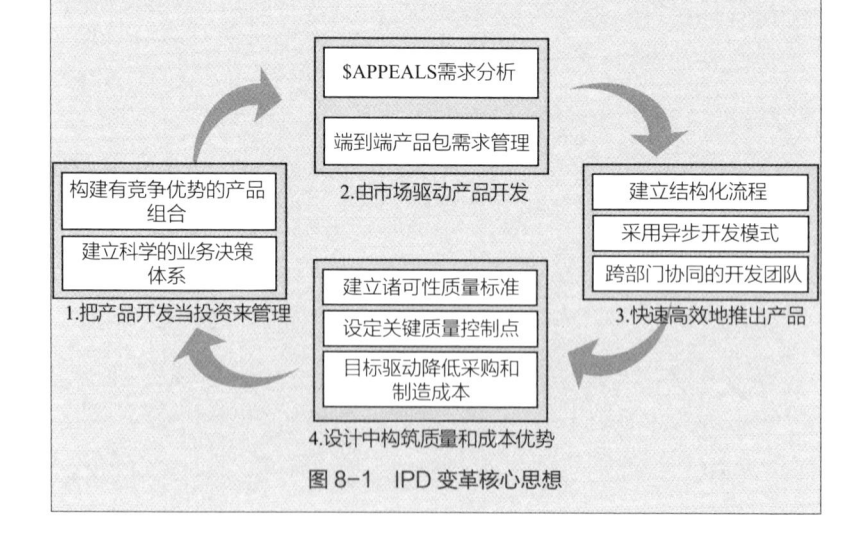

图 8-1 IPD 变革核心思想

如果说华为通过IPD变革取得了什么成果，我觉得最重要的是以下几点。

第一，建立了真正对客户满意和端到端商业成功负责的作战模式。无论是管理团队还是执行团队，运作方式都完全转变，大家的目标都是商业成功。

第二，构建了完整的集成产品开发管理体系，使华为研发摆脱了对英雄的依赖，只要按照流程基本就可以做出符合客户要求且质量能得到保证的产品。

第三，研发不再只是研发部门的事情，而且研发从技术导向转向了市场驱动的客户需求导向，产品开发的准确性和效率大大提升，成本浪费大大减少。

第四，研发周期平均缩短了50%，产品故障率降低90%以上，客户满意度在推行IPD后也稳定在80分以上的水平并逐年提升……

时至今日，除去外包，华为自有研发人员规模都已超过10万人，这么大的研发队伍依然能够保持研发工作不变形，IPD的作用至关重要。

在固化IPD变革成果方面，华为公司的实践如下：

第一，方法流程化。构建起了完整的IPD流程体系，包括概念、计划、开发、验证、发布、生命周期等各阶段，也涵盖需求管理、市场管理、TR（技术评审）/DCP等。

第二，角色组织化。通过IPD变革基本重构了整个组织，使产品开发队伍实现了从功能型组织向项目型组织的转型，构建了真正对产品商业成功负责的产品开发团队、对产品组合商业成功负责的IPMT（集成产品管理团队）等，原有的研发功能组织变成了资源部门。

第三，流程IT化。引入了PDM（产品数据管理）IT系统、PPM（产品开发项目管理）IT系统，OR（需求管理）IT系统等，实现了研发需求、产品数据、人力资源、项目管理等可视化的高效管理。

第四，能力平台化。实施关键的角色能力提升项目，如PDT经理角色认知、PDT核心代表角色认知等，辅以IPD DryRun（试运行）等IPD实战训练项目，系统性地提升了新的组织形态下各岗位的作战能力。

第五，改进持续化。在公司成立IPD BPE（Business Process Executive，业务流程管理部），在各产品线成立质量运营部（最开始叫运营支撑部），负责持续运营与改进公司的IPD研发管理体系。

案例（Z公司）：失败的组织变革

Z公司是一家传统的服装企业，在国民心中也有不错的知名度，多年前就已经发展得很不错，年收入超过了20亿元。但随着业务规模的壮大和人员的增多，企业面临着奋斗文化稀释、内部协同困难等问题。

在同一时期，A服装公司成长得很快，收入、利润、增长速度等明显高于Z公司。在一次交流考察中，Z公司总裁听取了A公司（后简称A）的发展历程等介绍，感觉A的组织形态更好，员工们似乎也更有激情，于是在公司总裁的建议下，Z公司开始了向A学习的组织变革。

在猎头的帮助下，公司花大价钱从A挖来了其总裁办负责人罗总监（后简称罗，其加入A已经有三年多的时间），主要的要求就是让罗负责领导公司的组织变革，全面向A学习。

罗初来乍到，心想这正是个很好的机会，自己对前东家A当前的组织形态非常熟悉，在A期间还负责公司的总裁办，对变革方法也有一定的了解且有实践经验，带领Z公司完成组织形态切换不是什么难事，正好还可以借此变革建立自己在新公司的威信。

在罗的带领下，变革项目组快速完成了Z公司的组织变革方案设计（基本上全盘照抄A），并向总裁详细汇报了各部门的职责、权力、运作方式等，获得了总裁的支持，于是组织变革继续推进。

罗领导的整个变革的过程还是可圈可点的，也运用了一些增强紧迫感、发展同路人、消除阻力等科学的变革手段，组织也基本顺利切换到了新的作战模式，罗也因为变革成功推进巩固了自己在新公司的地位。

组织变革看起来成功了，但是在随后的时间里，组织的经营情况却迟迟未有明显提升，同时，因为公司的业务流程并没有改变，大家按照新的组织形态运作旧的流程总感觉有些别扭，于是慢慢地有了很多抱怨的声音，大家觉得还不如回到原来的组织架构。

此后较长的时间里，罗感受到了很大的压力，但是也不想承认变革的失败，因为这是自己加入Z公司后最主要的工作成果，承认失败会对自己的职业发展很不利。同时，罗认为变革的特征决定了要取得实质性效果可能需要更多的时间，而且总裁也是支持新的组织架构的，于是继续苦苦支撑着……

启　示

虽然Z公司有组织协同、组织文化等方面的问题以及改进的现实需求，但是需求的根因并不一定就是组织本身，也许是流程问题，也许是激励机制等问题，找到问题的根因并系统性地开展有针对性的变革及成果固化才是可取之道。

Z公司的组织变革出发点就有问题，一开始是想"改善员工协同，提升组织战斗力"，但逐渐演变成了单纯的"学习A公司组织形态"，忘记了为什么变革甚至是否有必要变革，变革失败也就成为必然。

在这个案例中，罗的变革领导力虽然不一定全面，但还是有一定水平的，问题在于企业中如果只有个人具有变革领导力并不能确保变革成功，正如我们不能期望一个有领导力的将军就一定能带领部队打胜仗，最终的胜负还是双方综合实力的比拼。

个人的变革领导力起到的作用是在组织的变革方向基本正确的情况下，有效驱动和领导变革走向成功。如果要更进一步，企业还需构建组织的变革领导力，它是承载于企业的"变革管理体系"中的，在华为这是一个与研发IPD、销售LTC等并列的完全独立的一级流程，有兴趣的读者朋友可以重点读一下"后记1 企业变革管理水平的三个层级"。

HUAWEI

结语
给读者朋友们的建议

关于"你是火炬手·变革领导力"模型的常见问题

领导变革成功的六项核心能力是：增强变革紧迫感、发展变革同路人、共启变革愿景与目标、消除变革阻力、赢得变革信心、固化变革成果防止"回潮"。也就是第二章提到的uTORCH"你是火炬手·变革领导力"模型。

第一个问题，"你是火炬手·变革领导力"模型的六项能力是有严格的先后次序的吗？

答案是"不一定"。这也是图2-6中的各项能力间采用的是双向箭头的原因。

例如：第一项"增强变革紧迫感"和第二项"发展变革同路人"的工作有可能会同步进行，也有可能在"发展同路人"时发现变革的紧迫感还是不够，会再补充一些增强紧迫感的工作。

再如：第二项"发展变革同路人"的过程中可能同时开展一些第四项"消除变革阻力"的工作，也有可能在消除变革阻力的过程中发现同路人的支持不够，会再跳回到第二项补充开展发展同路人的工作。

当然，这六项能力间还是有一定的先后次序的，前一项能力的结果会对后一项能力的开展形成支撑。例如，"增强紧迫感"可以更好地"发展同路人"，有了清晰的"愿景与目标"可以更好地"消除变革阻力"等。

如果变革领导力足够强，使每一项能力都实践得很扎实，那就基本可以按照"增强紧迫感—发展同路人—共启愿景与目标—消除变革阻力—赢得变革信心—固化变革成果防止'回潮'"六项能力的通用顺序依次开展，实际上我们如果能够记住六项能力的内涵，在实际应用中自然会按需调用。

第二个问题，"你是火炬手·变革领导力"模型是可以循环套用的吗？

答案是肯定的。这也是为什么六项能力是用一个闭环表示的原因。

实际上企业中的一项重大变革很多时候并不是一个波段，而是可能存在多个波段的，例如企业人力资源变革可能选择先做薪酬管理的变革，再做干部管理的变革，再做绩效管理的变革，每年做其中的一个，实现稳步前进的目的。薪酬管理的变革甚至还有可能分成多个波段，例如先做高管的薪酬变革，再做员工的薪酬变革。兵无常势水无常形，变革也一样，多波段本身就是一种把握变革节奏的常见实践。

在一个多波段的变革中，"你是火炬手·变革领导力"模型就需要被循环调用，每一个波段都可以按照六项能力依次开展，在前一个波段完成了"固化成果防止'回潮'"的工作时，正好趁热打铁开展后一个波段的"增强紧迫感"的工作。

最后希望和读者朋友们共勉，在任何一个行业中，领导者都不是天然形成的，而是在一段相对长的时间里，借助于稳健有效又能够持续自我驱动革新的企业管理，在驱动产品、服务、供应等竞争力提升，使曾经的行业小弟慢慢发展成为行业老大的过程中历练出来的。

其实，纵观各个行业的发展史，无论是华为所在的手机或通信等科技行业，还是服装或地产等传统行业，都有太多快速成长又快速衰落的企业案例，如酷派/金立手机、PPG衬衫、光耀地产等。

世上没有不好的行业，只有不好的公司，满足客户需求的产品/服务实现手段会有变化，但需求不会消亡。例如柯达的倒下并不是因为照相的需求消失了，而只是产品的形态改变了。

原材料行业无疑是被压榨的行业。但即使这样，福耀玻璃也可以在2021年将年度净利润做到30亿元以上。发展的关键在于企业自身，而不在于行业，如同曹德旺所说，他一家做玻璃的利润超过全世界其他汽车玻璃厂的利润总和。

我们无论曾经多么强大，强大到如曾经的诺基亚手机一样几乎让整个世界人手一部，也会因为不能及时革新自己而轰然倒下。

我们无论曾经多么弱小，弱小如曾经的华为一样只有两万元起家，也会因持续的有效变革构建了竞争力而稳步站上行业领导者的位置。

无论是处于成长期的中小型企业，还是处于成熟期的大型企业，在一个竞争的环境中，犹如逆水行舟，不进则退。21世纪这样一个日新月异的时代也不会给我们太多试错的机会。

要最终成为行业的领导者并保持在领导者的位置，就必须一直保持自我批判精神，通过有效的变革举措持续自我革新，使企业的竞争力永葆青春。变革领导力在这个过程中至关重要。

给企业家的建议

华为公司未来胜利的保障，主要有三点。第一，要形成一个坚强有力的领导集团，但这个核心集团要听得进批评。第二，要有严格有序的制度和规则，这个制度和规则是进取的。什么叫规则？就是确定性，以确定性应对不确定性，用规则约束发展的边界。第三，要拥有一个庞大的、勤劳勇敢的奋斗群体，这个群体的特征是善于学习。

（来源：《遍地英雄下夕烟，六亿神州尽舜尧——任总在四季度区域总裁会议上的讲话》，任正非，2014年）

凡成大事者必有执念。如果说从任正非创办华为这件事上我们学习到了哪些企业家精神，我想是以下三点。

第一点是要有为客户创造价值的定力。即使短期不被理解，日积月累终将感动客户，从而实现我们自己的社会价值。

第二点是要有成为伟大企业的追求。1994年任正非就说"三分天下有其一"，产品要么做到世界前三要么不做，理想会感召自己以及我们的员工。

第三点是要相信管理的力量，并有持续推动管理进步的行动。通过变革持续改进管理既是创造客户价值和构建市场竞争力的需要，也是成为一家伟大企业的必由之路。

大多数企业的失败并不是因为对手，而是因为自己，如果做到了以上三点，我们就会离成功越来越近。

一如当年的华为，虽然也经历了小灵通、3G 国内市场等战略性失误导致收入下滑的困难局面，但是并未改变华为在这三点上的执念与追求。

很多企业的失败也并不是因为懂的管理知识不够多，而正是因为懂得太多，缺乏在关键点上的聚焦和坚持。

实际上，在当前这样一个易变、不确定、复杂、模糊的 VUCA 时代，我们更难以有效地预测和管理别人以及环境，唯一的办法是做好自己。

如果将企业的发展简要划分为创业期、成长期、成熟期三个阶段，那么创业期主要面临的会是资源问题，成长期主要面临的会是管理问题，成熟期主要面临的会是文化稀释和持续革新问题。

企业"从 0 到 1"和"从 1 到 N"所依赖的成功要素大不相同。"从 0 到 1"可以依赖个人英雄，"从 1 到 N"只能依赖管理有效的群体奋斗。

以产品型企业为例，在创业期可以依赖勤奋的个人英雄，例如其具备独特的技术、市场或客户资源，使企业获得了暂时的生存空间，但是到成长期后往往会发现，即使企业家一天工作 24 个小时，身心俱疲，企业的业绩表现也没有之前的好，而且往往危机重重。

这是因为，企业进入成长期后，面临的团队人员规模、产品数量、市场复杂度等可能都已经远超创业期，个人英雄式的单打独斗是无能为力的，很多时候企业家反而成了各项业务的阻碍和瓶颈。这个时候，唯一可行的手段是逐步构建有效的管理体系，让全体员工把潜能发挥出来。

如果企业幸运地跨过了生存期，那么就应开始有计划地构建企业的管理体系，构建起各领域的管理竞争力，包括研发、销售、人力资源等。

管理很重要，但我们也无须过于焦虑，因为企业间的竞争是一场长跑，而不是百米赛跑，管理体系的构建本身也是在企业奔跑的过程中换装备，业务与变革并行的状态会加剧组织运行的复杂度，我们可能一个不慎就会摔个大跟头，变革应稳妥有序地进行。

变革很重要，同时要成功并不容易，因而针对每一个重大变革，可能的情况下，我们都应以科学的变革方法加持，投入最优质的资源，在最好的老师指导下，做最有前瞻性的变革设计。如果企业有远大的追求，就会着眼于相对长期的回报来看当期变革投入的必要性。

如果把企业管理体系比喻成一棵树，那么种一棵树最好的时间是20年前，其次就是现在，而且它不是一天就能长成的。我们应基于企业的战略需要，对管理体系的建设过程统筹规划、分步实施、急用先行，按此形成企业的变革蓝图，确保这棵树持续茁壮成长，企业必将发展成为行业的领导者。

企业家本人必须掌握变革领导力，并要求高管团队也掌握变革领导力，这样企业的核心管理层就对变革全景有了一个清晰的认识。在每一项具体的重大战略举措或者管理变革推进时，企业核心管理层就能够作为火炬手，科学地指导、领导变革，确保变革成功。

2011年，中国人民大学商学院EMBA（高级管理人员工商管理硕士）的一个移动课堂走进了英国兰卡斯特大学管理学院，在与对方教授的交流中学员们不无自豪地谈到了华为。对此，对方教授有一个评价：华为不过是走在西方公司走过的路上。这句话如果深刻理解是很有价值的，但是他只说对了一半，华为的成功与华为向西方学习"相信管理的力量"有紧密关联，但是华为做到的其实不止于此。

在我的认知里，华为不只是做到了构建一个有效的管理体系，更重要的是这个管理体系能够自我革新，从而实现可持续发展。它的核心是围绕价值创造、价值评价、价值分配，一手抓运营，一手抓治理，而且管理革新会持续自我运转，从而实现可持续发展，如图9-1所示，我为其取名"雄鹰模型"。

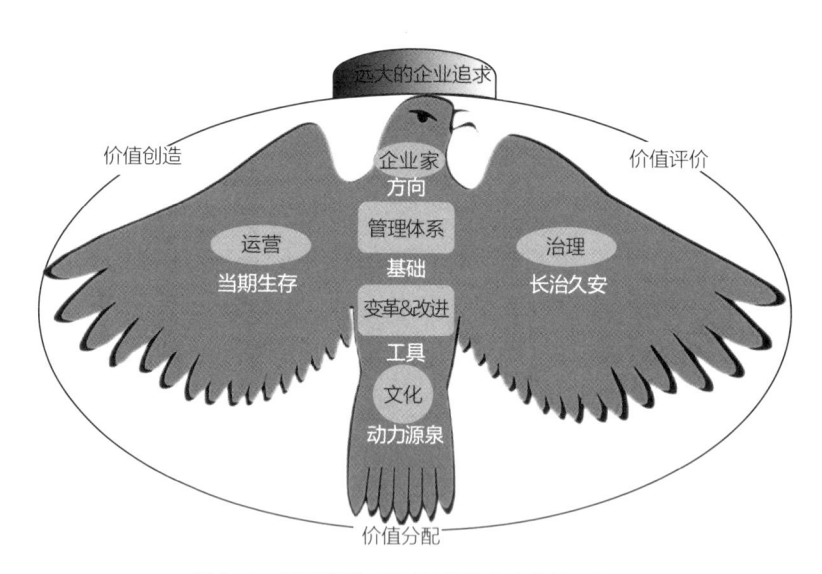

图9-1 雄鹰模型：可持续发展的企业管理体系

给高管的建议

在企业里，高管团队中的每一位成员通常都是企业某一领域的业务负责人，高管的能力表现基本上直接决定着该领域的管理水平，因此高管的视野和胸怀对企业来说都至关重要。

企业的竞争本质上是管理的竞争。对高管来讲就是，如果在自己负责的领域未能构建管理竞争力，该领域就会成为整个企业的短板，进而直接拉低整个企业的水平。如果一个高管不能认识到管理的价值和重要性，那他可能就不适合担任高管，也许更适合做一个专家。

作为领域负责人，高管应充分理解公司的愿景、使命和战略意图，基于公司的未来方向和当前的业务痛点思考自己负责的领域应采取的业务战略是什么、战略控制点是什么、业务应如何设计和运作、相匹配的管理体系如何构建起来。如果领域已具备一定的管理竞争力，高管还应积极参与到为公司其他领域献计献策中，主观上帮助他们成长，客观上实现公司和个人的成长。

在这些过程中，高管都需要掌握变革领导力，并对具体的变革方法有基本的了解。借助于有效的变革领导力，我们就会知道如何科学地推动他人、推动团队变革，或者直接有效地指导、领导本业务领域的重要管理变革。

变革是一把手工程，对于本业务领域的大的变革，高管本身就应直接作为变革项目的 Sponsor（赞助者）或 Owner（负责人）或 PD，而且无论高管最终被任命为本领域变革中的何种角色，都应对本领域的变革成功承担最关键的责任。功劳不必在我，但责任我一定承担。

高管必须要有变革只能成功不能失败的决心，因此要以身作则积极参与到构建本领域未来竞争力的变革工作中去。虽然负责具体执行的不是我们，但我们参与和支持的态度会直接影响企业中所有人对本领域变革的参与和支持的积极性。

一旦变革开始，即使抽调人选短期对业务产生影响，也应尽可能在领域中选拔出最优秀的业务主管或业务专家，让他们来具体负责领域的变革工作，因为他们构建的是领域的未来。在不影响或少影响业务的条件下，高管要对变革提供力所能及的支持。如有必要，可以提前安排其他人去接替他们原来的工作。

在变革启动后的一段时间内，虽然业务繁忙，高管也应定期抽出一定的时间参与到变革方案的讨论中去（例如每周参与一次），并及时协助解决变革项目的问题。高管的参与会给项目组压力，但没有压力就无法成长，这样才能驱动他们设计出最符合未来业务诉求的管理体系，毕竟高管的高度基本上代表了领域的高度。随着变革的各项工作步入正轨，高管需要投入的时间会减少一些。

如果变革未能取得预期的效果，高管也要敢于承认错误并及时反思改进，作为高管应具备这种大局观和胸怀，因为高管本就是公司长期利益的最直接的同路人。

在条件许可的情况下，高管可以聘请顾问提供指导，毕竟顾问可能更理解标杆或业界公司的实践。要注意的是，顾问必须具备系统性、架构性思考的能力，最好是直接参与过标杆公司相关变革并承担重要岗位的，知其然更知其所以然。聘请不具备一定思考高度的顾问还不如不请，因为他们很有可能解决的是局部的或治标不治本的问题，从全局看会弊大于利。

给所有职场人的建议

在任何一个有远大追求的企业中,管理都会发挥越来越重要的作用,管理的价值也会被逐步重视,因而企业必然会在合适的时机启动各种管理变革,甚至随着公司逐步从成长期进入成熟期,管理变革可能会成为公司的一种常态,变是正常的,不变反而是不正常的。

如果要取得好的职业发展,那么无论个人当前处于公司中的哪个层级,都应积极"参与"到管理变革的工作中去,而实际上大多数人不具备这种意识。这种参与不是说一定要作为变革项目的成员直接参与,因为不一定有相应的机会,但是我们可以主动了解、学习、理解、吸收、思考管理变革背后的设计逻辑等。

如果我们还不是变革的直接成员,在变革过程中又有一些个人的观点和想法,建议不要急于在影响较大的场合发表,而是先找变革项目的成员沟通,或许会产生不一样的想法。每一项变革都会有很多背景和原因,轻率地发表不合适的意见会让其他人觉得我们不成熟。如果深入沟通后确认了自己的观点是正确的,可以通过合适的渠道为变革提出自己的建议,为组织做出贡献的同时也能使自己被认可。

通过这些参与加深理解,通过理解提升自己的管理思考,通过碰撞检验个人思考问题的水平和高度,这对个人快速进步和在职业上再上一个台阶会很有帮助,这样我们就会逐渐具备从单纯的执行者（执行者不一定只是一线员工，实际上大多数管理者也只是执行流程而已）跨越到管理的设计者的能力。

记得有一次我和华为的一个负责某国业务的总经理聊天，他很感慨地说，在华为工作这么多年，后来发现个人进步最大的就是深入参与变革的这两年。以前都是埋头打仗，虽然负责了整个国家的业务，但是实际上大多数时候都是在解决具体问题，按着流程走就行了，很少去思考为什么是这样的流程和管理体系，客户的压力也容不得自己花时间去深入思考。直到在变革期间真正深入到了变革的工作中，才开始真正深入思考其背后的逻辑，寻找最优的管理答案。

如果还希望进一步成长，最好也能掌握变革领导力，知道如何去推进、领导一项管理的改进，因为这会是职业发展中必然要承担的责任之一，无论是做人力行政、还是做服务交付，或者做其他的，作为管理者或专家的重要责任之一，就是要系统性解决问题，而不是头痛医头，脚痛医脚。

实际上，在一个企业中，推进任何一项工作，都可以借鉴变革的方法，从增强紧迫感开始，逐步系统性地推进。因为虽然要推进的工作对个人很重要，但是如何获得对方的支持，如何组建推进工作的团队，如何消除推进中的阻力和构建信心，理念上都是一样的，只是最终将工作结果固化的手段有一些不一样。

理解了前面所讲的这些点，即使我们在此之前没有亲身参与过公司的大的变革，带着我们日常工作推进中的各种问题和困惑，再去回顾本书中所讲的变革领导力的各个章节的内容，或许也能找到答案，或者会有不一样的认识和心得。

给政府与事业单位从业人员的建议

如果在政府部门或事业单位工作，本书中所介绍的"你是火炬手·变革领导力"模型也适用吗？答案是肯定的。

无论是在政府部门还是在事业单位，要推动所属组织管理进步的方法并无本质性差别，只是本文中所提到的一些职位名称不一样，在公司叫企业家、高管、总监等，在政府部门叫部长、厅长、处长等，本书只是为了方便表述，以企业为样本来介绍。

实际上，政府部门也好，事业单位也罢，其管理变革与改进最终固化到所属组织中的管理体系的组成也是流程、组织、IT、能力等，两者间并无差异，只是可能在叫法上有一些不同。

可能有人会说，政府部门和事业单位中的各种工作采用文件的形式会比较多，而不是采用流程的形式，其实对于企业来讲也一样。最开始华为也是依赖文件而不是流程管理，而且可以说直到今天依然未做到100%按流程管理。按文件管理还是按流程管理在意识上是要逐渐转变的。

对于工作要求来讲，文件与流程的差异在于文件对业务的规则与路径表述不完整，例如可能对工作角色定义不够明确，对作业路径往往采用文字罗列或表格描述，因而不如流程图清晰等。另外，多个文件之间一般缺乏明确的界限，因而有时候会互相矛盾，难以像流程一样进行科学的分类、分层、分模块管理。如果能解决这些问题，其功效是一样的。

如果理解了以上内容，也就知道了，在政府部门或事业单位中开展变革和在企业中开展变革理念和方法上可以是一样的，因而本书所述的"你是火炬手·变革领导力"模型同样适用于政府与事业单位从业人员。

基于中央全面深化改革委员会指示的方向，各级政府部门与事业单位也将会面临越来越重的改革任务，希望本书所述的"你是火炬手·变革领导力"模型与方法能为大家提供一些帮助或启发。

后记 1

企业变革管理水平的三个层级

任正非很少接受外部新闻媒体的采访,但在接受采访时多次谈过科技和教育话题,让我印象深刻的包括:国家的强盛在于科技,科技的强盛在于人才,人才的强盛在于教育,要用最优秀的人培养更优秀的人。如果把这种说法套用到一个商业性企业,我想总结的一句话是"企业的强盛在管理,管理的强盛在变革,变革的成功在强大的变革领导力"。

可能"变革管理"的概念对很多人来说会很陌生,其实类比来看就明白了。一个一定规模的企业要做好研发需要构建"研发管理体系",要做好销售需要构建"销售管理体系",同样的道理,要使企业的变革工作从偶然成功走向必然成功也需要一个有效的"变革管理体系",而这恰恰是很多企业忽视的。不少企业投入大量资金自主变革或者请顾问来帮助企业做研发、销售等各种变革,但绝大多数收益和期望相差甚远,原因正是缺少有效的"变革管理体系"。

一个没有变革管理体系的企业去开展变革,就如同一个规模以上企业没有研发管理体系去开展研发，成功与否只能依赖无法把握的领导者个人或者运气，同时又因为变革涉及利益分配、业务再造等，其复杂性远高于产品开发，进一步加剧了变革成功的不易。变革是要有方法的，而变革管理正是将科学的变革方法标准化、固化，这样，无论是推动变革启动，还是组建变革团队，抑或推进变革实施及落地，都将有系统化的工作指导，以确保变革成功。

为了有效赋能、治理，高质量开展企业的各项变革工作，结合20多年的华为"变革管理体系"建设和发展历程，我把企业变革管理的水平分为三个层级：第一个层级是把变革当产品管理，第二个层级是把变革当投资管理，第三个层级是把变革当事业管理。

为什么首先要"把变革当产品管理"呢？这是因为变革与产品有很多共通之处。为了方便大家理解，做个对比示例，如表10–1。

表10–1 变革与产品的共通之处

	产品	变革
组成	软件、硬件、解决方案	流程、组织、IT……
输入	客户需求	管理需求
研发	产品概念—高阶设计—产品开发—产品验证—产品发布	管理设想—高阶设计—方案开发—方案验证—文件签发
推广	营销—销售—交付—服务	造势—试点—推行—运营
输出	客户满意	管理进步

从表中可以看到，二者的输入、研发、推广等工作过程是非常相似的，只是其组成的内容不一样，因此我们可以像管理

产品研发过程一样，将变革工作也分为多个明确的管理阶段，并提供流程、模板、工具、方法、检查表等使能变革的实施工具，以此提升变革的成功率，乃至确保每一项变革成功。

当企业进一步认识到变革带来的管理进步的价值后，公司内开展的变革就会多起来，同时投资也会越来越大。以华为为例，有时候一个大的变革就会投入几千万甚至几亿美元，过去多年的管理咨询费都已经投入了几十亿美元。对变革实施有效的管理，确保投资收益，就需要进入"把变革当投资管理"的阶段。

很多时候企业家也很困惑：公司花了这么多钱做变革甚至请了顾问，每个高管都说自己负责的变革是成功的，但和自己的感受却大不相同。问题就在于未建立起有效的变革投资管理机制。例如：开始变革时未设立明确的收益目标，而且也不掌握变革的价值评价与验证方法。

在这个阶段，我们需要在公司层面设立变革管理团队、变革办公室等（其中变革管理团队是决策机构，变革办公室是日常管理与支持机构），从而对变革进行有效的分层分级，开展变革的价值管理，建立变革的评审、决策、验收机制并有效运作，确保每一项变革的投资收益达成预期目标，或者在预见到变革可能存在重大问题或风险时及时终止／暂停项目。

对以上两个层级来说，变革的启动主要都还是自下而上的变革成长过程，要将自下而上的市场性变革和自上而下的计划性变革有机结合，以使变革工作进入更加科学、系统而有序的状态，我们就需要"把变革当事业管理"。正如今天的华为，变革已经成为常态。

后记1　企业变革管理水平的三个层级

在这个层级，我们需要基于已取得的变革成果，系统性建立起企业的流程架构、IT架构等，例行开展变革的战略规划与年度计划工作，并实施流程责任制和常态化的变革需求端到端管理，通过有效的架构、规划、需求、责任等驱动和指引，使变革组合更加有效，持续赋能企业的管理事业进步。

理解了以上三个层级，我们就知道了如何为企业构建一个有效的"变革管理体系"，而它本身也是研发、销售、服务等管理体系成功构建的科学基础。和企业管理体系建设非一日之功的道理一样，变革管理体系的构建过程也可以与企业的发展阶段相结合，人少有人少的做法，人多有人多的做法，行动了就会有收获，增加变革的成功率正是其目标。

实际上，华为的变革管理体系也是在变革实践、总结的基础上才得以日益完善的，在这个过程中，IBM、埃森哲等顾问公司都提供了很多的帮助与指导。

发展历程示意图如图10-1。

在华为，"管理变革"与"管理研发"一样，都是公司15个一级流程之一，由此可见华为对"变革管理体系"重要性的认识，这可能是大多数企业、企业家都会忽视的重点工作。

实际上，华为的众多变革能够从偶然成功走向几乎必然成功，除了变革领导力的重要作用，更得益于由完善的变革流程、模板、工具、方法、检查单等组成的"华为变革管理体系"。

如果我们能使组织中的关键管理者都具备"个人的变革领导力"，同时通过构建有效的"变革管理体系"实现"组织的变革领导力"，这两者之间就会互相促进，进一步提升组织中变革的成功率。

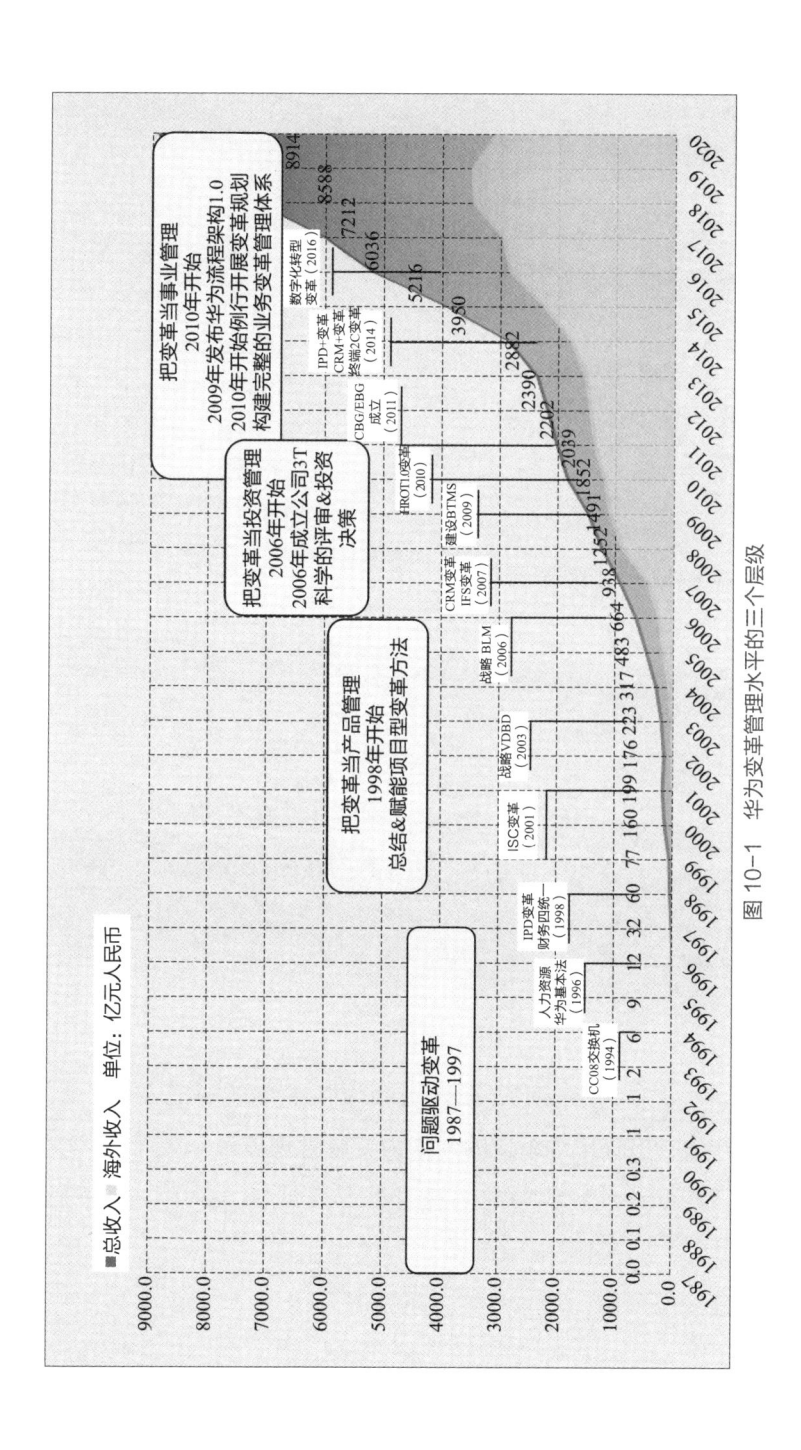

图10-1 华为变革管理水平的三个层级

后记1 企业变革管理水平的三个层级

后记 2

企业要避免"为变革而变革"

企业在每一次变革启动前都应该认真思考"为什么变、变什么和怎么变",而不是直接进入具体的工作,不能为变革而变革。正如我在本书开始时讲到的:战略失败往往是"果"不是"因"。

在多个场合给企业家或者创始人讲课时,我都会向大家传达一个理念,即变革的快并不是我们的目标,变革的有效性才是第一目标,这也是华为一直在践行的,因为"管理变革要做乘法,而不是做加法"。

可惜的是,很多企业不知道变革还需要科学的方法,也不懂变革领导力,虽然主观上有美好的愿望,但客观上取得的变革成效很有限,很多时候只是为了建流程而建流程,为了变革而变革,由此形成的只是在原有运作方式上叠加了一堆无法带来更大收益的管理文件而已,这就是失败的"做加法"。

"做乘法"的意思是管理变革要达成的是帮助企业实现"从 1 到 N"的组织能力构建,这是一个类似于凤凰涅槃的过程。要站在现在看未来,围绕期望战略领先或要追赶的业务领域(不是全部），构建起能够领先于同行业的友商甚至整个市场的高效运营模式，这会给组织的长期收益带来倍数式的回报。

《论语》中说，求其上者得其中，求其中者得其下，求其下者无所得，对于变革尤其如此。重要的变革都不应该是小打小闹、浅尝辄止，必须有远大的追求、清晰的愿景与目标，能够有效地承接企业的愿景、使命和业务战略，强力支撑组织的战略发展意图落地。

管理是买不来的，管理的价值并不在于管理的"文件"本身，而在于其背后的管理理念和底层逻辑。只知道"文件"、知其然不知其所以然的老师是很难帮助我们推动管理进步的。

实际上，要对企业的管理体系或变革方法有深刻而系统的认知，需要经年累月的管理实践以及变革实践，也正因如此，高级管理型人才的获取难度要高于高级技术型人才的获取难度。

找一个好老师，站在巨人的肩膀上推动管理进步是很好的方法，但是切忌盲目照抄，要批判性地吸收标杆公司的领先实践，学习、理解、内化、适配、改良，一步步稳扎稳打才是正确的手段。

如果既不能深刻理解标杆公司管理实践背后的理念与逻辑，又不考虑本公司的独特情况，只是简单地将标杆公司的管理体系移植到本公司，变革结果一定会是水土不服，不可能取得好的效果。

企业要学习的是管理理念和底层逻辑，而不是其管理文件。例如华为这样一个年收入9000亿元的大公司，虽然管理体系非常完善，但相应地也会有较高的管理成本，并不一定完全适合其他公司。

且不说不同的企业，其行业和公司特质、发展阶段不同，如果直接将大企业的管理体系套用到一个业务规模小很多的公司身上，只是高昂的管理成本就会直接抵消掉管理变革带来的收益。

无论如何，企业必须要避免为变革而变革，而这实际上是很多企业都在犯的错误，虽然我们可能不愿意承认这一点。当然这里面也可能有指导老师或顾问不专业的原因，有的是没有深刻理解管理，有的是没有掌握科学变革方法。

以组织变革为例，其本质应是"组织匹配流程、组织匹配战略、组织匹配客户"，我称其为"三个匹配"。企业通常采用的是流程再造伴随组织变革，如果流程、战略、客户都没有大的变化，我们为什么要去开展组织变革呢？本书第八章Z公司的组织变革案例就是为变革而变革，实际上不少企业的组织变革都不科学，只是在劳民伤财。

再以流程变革为例，很多企业可能热衷于建流程，但是很多时候做的是什么呢？只是将现有的运作方式书面化，写成所谓的流程，虽然投入了大量的精力和成本，但既没有优化TO-BE作战团队组成，也没有优化作战方式，那又哪来的效率提升呢？以前没流程可能还灵活一点，现在反而给员工绑上了绳索，唯一的作用只是新员工学习时有了一些书面流程文件而已。

刚刚讲的这两个例子还只是变革的目的未把握好，实际上变革过程中的很多工作如果做得不好都可能导致"为变革而变革"。例如不掌握有效的流程设计方法、角色与组织设计方法、变革推行方法、变革成果固化方法等等，都可能让变革后和变革前的企业生产力没有产生本质上的差别。

如果企业有远大的可持续发展的追求，要避免为变革而变

后记2 企业要避免"为变革而变革"

革，最好的办法就是像华为一样，在科学的变革领导力的理念与方法支持下，设置起高级主管负责的公司层面变革项目管理办公室，进而组织企业构建起有效的"变革管理体系"，从而使每一次变革的每一个环节都能有科学的流程、模板、工具、方法等指导，使企业的变革工作都能取得应有的变革收益。